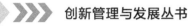
创新管理与发展丛书

上海市软科学研究基地建设项目（24692181000）
安徽省自然科学基金（2408005QC210）

创新激励政策下的企业策略性行为研究

孙雅慧　罗守贵 － 著

Research on Firm's Strategic Behavior
in R&D Incentive Policies

上海交通大学出版社
SHANGHAI JIAO TONG UNIVERSITY PRESS

内容提要

　　本书以研发补贴和高新技术企业认定两个典型政策为研究对象,综合考虑企业参与政策的申请阶段和政策实施阶段,通过数理模型和实证分析的方法剖析了上述策略性行为的成因、表现、影响及制约因素,结论具有重要的学术价值和政策借鉴价值。

　　本书适合相关专业研究人员、政策制定人员及其他感兴趣的读者阅读。

图书在版编目(Ｃ Ｉ Ｐ)数据

　　创新激励政策下的企业策略性行为研究 / 孙雅慧,
罗守贵著. — 上海 ：上海交通大学出版社,2024.12
　　ISBN 978－7－313－30401－8

　　Ⅰ.①创… Ⅱ.①孙… ②罗… Ⅲ.①企业创新—经
济政策—研究—中国 Ⅳ.①F279.2

　　中国国家版本馆 CIP 数据核字(2024)第 053117 号

创新激励政策下的企业策略性行为研究

CHUANGXIN JILI ZHENGCE XIA DE QIYE CELÜEXING XINGWEI YANJIU

著　　者：孙雅慧　罗守贵
出版发行：上海交通大学出版社　　　　　　地　　址：上海市番禺路 951 号
邮政编码：200030　　　　　　　　　　　电　　话：021－64071208
印　　刷：上海新华印刷有限公司　　　　　经　　销：全国新华书店
开　　本：710mm×1000mm　1/16　　　　印　　张：11.5
字　　数：188 千字
版　　次：2024 年 12 月第 1 版　　　　　印　　次：2024 年 12 月第 1 次印刷
书　　号：ISBN 978－7－313－30401－8
定　　价：68.00 元

前　言

近年来,中国的经济发展方式逐渐由要素驱动、投资驱动向创新驱动转变,鼓励企业开展创新活动的各项创新激励政策一直备受重视,然而一些研究表明中国可能存在"创新困境",即创新投入巨大、创新产出数量飞速增长,但创新质量及经济发展质量尚未表现出与之相匹配的提升。对上述问题的一个可能解释在于,由创新激励政策所引发的创新增量中可能有一部分并非出于取得技术进步和获得市场竞争优势的目的,而是企业以最大化从政策中获取的收益为目标,利用其信息优势所采取的行动。本书将其称为创新激励政策中的企业策略性行为,并界定为:企业通过各种方式向政府发送创新信号,使得政府高估其创新能力或创新活动,从而提高企业在创新激励政策中的预期净收益的行为。此外,本书探讨了以下问题:何种创新激励政策的哪一阶段易产生企业策略性行为? 企业策略性行为的表现和影响如何? 怎样有效应对?

企业同政府之间的信息不对称是策略性行为能够发挥效果的前提条件,政府和市场因素则是策略性行为产生的推动因素。企业策略性行为主要表现在企业虚增研发投入、过度追求专利数量等活动。由于政府不了解企业的真实研发情况,往往通过观察创新投入产出等指标来判断企业创新规模与能力,进而决定创新激励政策的激励对象和支持力度,上述策略性行为能帮助企业以较小的成本获取更多政策优惠。就中国的现实情况而言,一方面地方政府为完成政绩考核,对地方企业的创新投入产出指标较为关注,使得策略性行为有较高的成功率;另一方面市场尚不完善,企业创新融资困难,且获得政策优惠是融资过程中的重要质量信号,企业对政策优惠需求较高,因此有较强的策略性行为动机。

本书首先构建了一个理论模型来讨论企业策略性行为对创新激励政策效果的负面影响及可能的应对措施,然后以补贴政策和高新技术企业认定政策为研究对象,实证分析了企业在申请政策支持过程中和获得政策支持后两个阶段的创新行为。其次,以高新技术企业认定政策为研究对象,通过下列三项标准识别在申请过程中采取策略性行为的企业:①在政策申请前三年非发明专利大幅增加;②通过认定后研发投入不升反降;③通过认定后不再满足政策基本要求,并从静态和动态角度探讨这些策略性行为将对研发激励政策的激励效果造成的影响。本书最后讨论了政府创新治理能力提升和加快市场化进程能否在一定程度上约束企业策略性行为的问题。研究结果表明:①企业可能在申请高新技术企业认定政策的过程中采取策略性行为,主要表现为临时增加研发投入和认定前一年大量申请非发明专利而对发明专利产生了挤压效应。补贴政策则能够切实推动企业开展实质性创新活动。②企业策略性行为的存在削弱了高新技术企业认定政策在鼓励企业扩大创新规模、提高创新质量两方面的效果。③政府创新治理水平的提升和加快推动市场化进程均能在一定程度上限制企业通过采取策略性行为获得政策支持的现象。理论模型表明加大审查和处罚力度、对不同创新能力的企业给予梯度档次的优惠政策均能减少策略性行为的产生。

本书的贡献主要在于以下三个方面:第一,推进了对于政府创新激励政策中的企业策略性行为的研究。本书从理论和现实层面详细地梳理了策略性行为的产生背景,并通过区分不同政策类型、划分申请和政策执行阶段、同时考虑创新投入和创新产出等方式对策略性行为的问题进行了细致探讨,极大地补充了现有的研究。第二,率先揭示了在创新激励政策申请阶段的策略性行为规律。绝大多数既有研究只讨论了企业获得政策优惠后的创新活动,然而由于中国的主流创新激励政策往往具有选择环节,企业可能会预先规划自身创新活动来提高获得政策支持的概率,因此企业在创新激励政策申请阶段的创新行为也将受到政策影响,若不对此加以考虑则无法准确估计政策效果。第三,本书发现企业可能采取的两类策略性行为,一是通过大规模申请非发明专利迅速提升创新成果的数量,二是在参与政策之前短暂地提升研发投入等指标,一旦成功获得政策支持便恢复原有水平。本书进一步讨论了其影响和对策,从而为未来减少创新激励政策中企业策略性行为的政策实践提供理论依据。

目　录

1 有关创新活动的概述

1.1 研究的现实背景

创新是经济发展和社会进步的原动力,在全球化浪潮中,不断提升科技创新能力成为中国在国际竞争中发展壮大的必要途径。纵观社会发展历程,历次生产力的大发展和全球分工、世界格局的大洗牌均得益于颠覆性创新的产生。以蒸汽机和内燃机的发明、电力技术的应用及化学能与核能技术的开发和利用为核心的能源技术革命解放了人类的双手,使工业生产走向高速化和集成化,以通信技术和计算机技术为核心的信息技术革命则突破了人类感官与脑力的限制,实现了生产的数字化与智能化(齐建国,2013)。在全球经济联系愈发紧密、生产力极大发展的背景下,掌握一项关键技术、拥有开展突破性创新的能力成为国家之间竞相追逐的目标。经济全球化使得知识和创新要素的国际流动迅速扩大,跨国公司在全球范围内配置研发资源,科研人员密集地全球流动与跨国合作,科技成果的产生和应用逐渐成为全球事务,全球科技格局从单中心向多中心转变(金碚,2016;佟家栋,谢丹阳,包群,2017),上述现象意味着依靠人口和资本的传统发展方式已经彻底成为过去式,紧跟国际技术发展和创新潮流、前瞻性的技术布局以及科技创新能力的提升已经成为中国在国际竞争中发展壮大的必要途径。

创新激励政策是政府推动企业创新的关键举措,也是国家提升国际话语权和影响力的重要战略选择。科研机构和高校更多地侧重于基础性研究,随着企业自主创新能力的不断提高,企业作为一种应用型创新主体在国家创新系统中的地位愈发重要。为了纠正创新的溢出效应导致的企业创新不足、鼓励企业更多地参与创新活动,创新激励政策成为世界各国引导和鼓励企业创新的最重要手段(Arrow,1962;Griliches,1992)。随着中国的技术进步路径从技术引进向自主创新转型,国家对企业创新的支持力度也逐年加大。图1-1展示了全国历年科技经费的投入情况,从2000年到2019年的20年间,国家科技经费开支从895.7亿元增长到22 143.6亿元,其中用于企业的科技经费支出占科技经费总支出的约75.66%。图1-2展示了中国历年科技经费投入的增长率,并提供了当年GDP增长率作为对照,可发现科技经费投入从2002年至2011年的10年间基本保持每年20%以上的增长,尽管2011年之后出现下降,也远高于国家GDP的增速。

单位:亿元

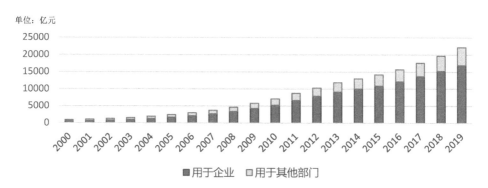

图1-1 中国历年科技经费投入(2000—2019)

(资料来源:国家统计局历年全国科技经费投入统计公报。)

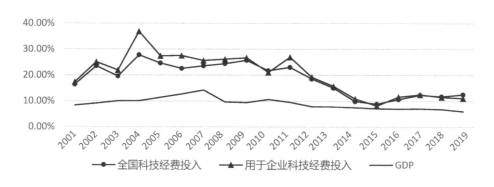

图1-2 中国历年科技经费投入增长率(2001—2019)

(资料来源:GDP的数据来源于国家统计局网站;科技经费投入增长率通过图1-1中的公报数据计算。)

不断增强的创新激励政策力度和不断扩大的科技经费投入已经初步取得成效。从科技经费投入鼓励企业扩大创新规模的角度来看,尽管研发强度同主流发达国家仍有一定差距,但从绝对量上来看,中国的研发支出自 21 世纪以来不断攀升,在 2009 年超过了日本成为世界第二研发支出大国,且在之后的年份中同美国的差距不断缩小(见图 1 - 3)。同时,中国研发支出的增长率也远高于美国、日本、英国等发达国家(见图 1 - 4)。从创新产出的角度来看,中国的专利申请数量近年来不断增加,在 2019 年申请了 58 990 项专利,专利申请数量首次超过美国位居世界第一。从领先企业数量来看,截至 2015 年年底,有五家机构先后发布了"独角兽"企业榜单,在提及的 196 家企业中有 25 家中国企业上榜。[①] 2020 年胡润全球独角兽榜单的前 100 名独角兽企业中的中国企业已达到 33 家。[②] 从中国的技术依赖来看,中国基于全球化的对外技术依存度在 2004 年为 52.0%,在 2010 年降低至 40.1%,在 2020 年的预测值则为 33.3%(郭铁成和张赤东,2012)。

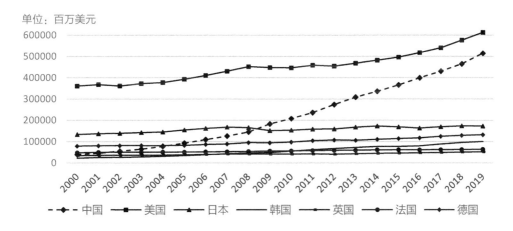

图 1 - 3 世界主要国家研发支出

(资料来源:于世界经合组织数据库 https://data.oecd.org/rd/gross-domestic-spending-on-r-d.htm。)

---

① 数据来源于《光明日报》《"独角兽"企业来了》,https://epaper.gmw.cn/gmrb/html/2016-08/19/nw. D110000gmrb _20160819_2-11.htm? div=-1。

② 数据来源于 2020 年胡润全球独角兽榜单,https://www.hurun.net/zh-CN/Rank/HsRankDetails? num=WE53FEER。

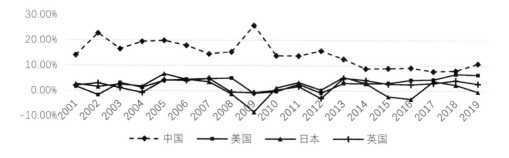

图 1-4 世界主要国家研发支出增长率

在创新激励政策初见成效的同时,创新困境的问题也逐步显现。尽管中国创新投入和创新产出的专利数量均逐年上升,一个不可回避的问题便是中国的经济质量似乎尚未得到与之同步的提升,经济增速逐年放缓,创新质量不足的问题也并不少见。中国长期以来用数量来评估创新能力的评价体系使得中国专利产出具有典型的"高数量、低质量"特征(龙小宁和王俊,2015;张杰和郑文平,2018)。除此之外,中国一直以来存在的专利技术转化率低的问题,其深层原因可能在于企业开展研发的目的并不仅在于生产技术的提升,还在于需要通过创新投资和知识产权数量向外界发送高创新能力的信号,以满足企业在信息不充分的市场环境下的融资需求(徐向阳,陆海天,孟为,2018;蒙大斌和李杨,2019)。上述现象说明企业的创新活动可能被赋予多种目的,而不仅仅是为了取得技术进步,这很可能是中国创新困境的根源。

创新激励政策中的企业策略性行为或许是导致创新困境的一个重要因素。企业可能借助创新活动达到获取技术进步和市场竞争优势以外的目的。由于政府同企业之间存在信息不对称(安同良,周绍东,皮建才,2009),政府难以了解企业的真实创新情况,在创新激励政策过程中只能通过观察企业创新投入产出等外部指标来判断企业的创新潜力,进而决定政策支持对象和政策优惠力度,因此企业有必要向政府发送创新信号来显示其创新能力。然而在信息不对称的情况下,即使企业为了获取更多政策优惠而采取夸大创新投入、忽视创新质量而追求专利数量等行为,政府也很可能难以将其同真正的创新活动区分开来。企业在获得创新激励政策优惠之后也存在类似情况。尽管政府期望企业在获得政策优惠后能够扩大创新规模、提升创新质量,但企业仍可以通过上述人为调整创新投入产出的方式应对政府审核。基于上述分析,本书提出"企业策略性行为"的概念,认为部分企业可能在创新激励政策的申请和执行阶段刻意调整其创新指标和创新活动,来适应政府评价标准或应对政府审查,进而提高参与创新激励政策的预期收益①。

　　企业同政府之间的信息不对称是企业策略性行为产生的前提条件,政府追求高投入产出的创新偏好和不完善的市场机制则是策略性行为产生的推动因素。从政府角度而言,由于创新投入和专利数既是中国地方政府的科技发展考核的重要指标,也是创新激励政策的重要评价标准,创新投入高、创新产出数量大的企业往往被认为是具有高创新能力的企业而受到政府偏好,这使得企业在政策申请和获得政策支持的过程中存在夸大其创新投入产出的倾向(申宇,黄昊,赵玲,2018),创新质量则往往受到忽略。从市场角度来看,中小企业面临创新融资困难的问题,政府资金是企业研发资金的重要来源,加之社会投资者往往将是否获得创新激励政策优惠作为一项重要的质量信号(高艳慧,万迪昉,蔡地,2012),使得企业有取得政策优惠的迫切需求。同时,中国的知识产权保护制度目前尚不完善,企业实质性创新的成果极易被模仿而难以获利,使得企业需要通过策略性行为谋求其他利益的来平衡不完善的市场机制带来的损失。

　　显然,尽管策略性行为对企业自身是有利可图的,但从创新激励政策的执行角度来看,则会造成公共资源的错误分配和政策效果的下降。因此,在中国背景下,创新激励政策中的企业策略性行为的产生原因、表现形式、在政策中的作用节点、影响及应对措施均是当下创新政策研究的重要问题,也是本书关注的重点。

1.2　研究的理论背景

1.2.1　创新激励政策与企业创新

　　创新是经济增长的原动力,然而由于创新活动存在知识溢出的特性,将不可避免地导致企业自发开展的研发活动难以达到社会最优水平,因此需要政府部门提供外部支持来纠正创新正外部性导致的研发不足问题(Arrow,1972;Jaffe

---

① 　本书将在第 2.3 节对创新激励政策中的企业策略性行为给出一个更为清晰和严谨的界定。

等，2005）。基于直接补贴或税收优惠的创新激励政策是政府鼓励企业创新的最重要手段，早期关于创新激励政策的研究主要从企业研发活动投入及产出的角度展开。对于企业研发投入，绝大多数研究认为来自政府的补贴和税收优惠能够降低企业研发活动的边际成本、分担研发失败的风险（Lee & Cin，2010），对企业自身研发投资起到了杠杆作用（Aerts & Schmidt，2008；Hu & Deng，2018）。另外，有少量研究发现创新激励政策可能挤出企业自身研发投资，或对企业研发投资无影响（Busom，Corhuelo，Martinez-Ros，2014；Klette & Møen，2012；Zúñiga-Vicente et al.，2014）。上述结论的差异可能受研究开展的宏微观层面影响或与研究对象的异质性有关（Dimos & Pugh，2016），但整体而言，企业自身投资与政策优惠金额之和是增加的，即创新激励政策使得企业的研发总规模扩大（Lokshin & Mohnen，2012）。基于企业研发产出的研究则可进一步划分为研发产出规模和研发产出质量两个维度，其中基于研发产出规模的结论一致认为创新激励政策能够在较短的时间内提升企业创新成果数量，这一提升效果从长期来看是持续存在的（陈红 等，2018）；而基于研发产出质量的研究则发现创新激励政策很可能并无提升创新质量的效果（陈强远，林思彤，张醒，2020），甚至可能降低经济绩效（Howell，2017）。一些研究还发现，尽管公共研发资金迅速增长，中国的全要素生产率并未出现与之相匹配的提升（叶祥松和刘敬，2018）。

　　总体而言，关于创新激励政策效果的研究，现有文献普遍得出了"创新数量爆发、质量不足"的观点，但对上述现象产生的原因却缺乏讨论。创新质量不足的原因可能在于企业在研发环节的策略性行为，即企业可能在创新激励政策的申请和执行阶段开展不以获取技术进步和市场竞争优势为目的，而以提升参与创新激励政策的预期收益为目标的创新活动。例如，黎文靖和郑曼妮（2016）发现企业可能为了迎合政府偏好而追求专利数量提升，申请大量不必要的非发明专利。对企业策略性行为不加限制可能会产生一些不良后果，包括产生行业壁垒，使得新企业难以获得竞争优势并最终退出市场（吴汉洪，2019）；挤出了企业的实质性创新活动，并导致企业无法通过实质性创新活动获取生存溢价等（鲍宗客和朱魏巍，2017）。尽管现有研究已经发现企业策略性行为是导致中国创新困境的重要原因，但是关于其动机、机制和解决方案均缺乏系统性研究。

1.2.2　创新活动中的不对称信息及企业策略性行为

信息经济学指出,市场中的信息是不完备的,且信息在生产者与消费者、委托人与代理人之间的分布是不均衡的。这导致拥有信息优势的一方能够从合约中获得更大效用,同时,合约双方的效用之和将因这一信息不完备和不均衡而遭受损失。不对称信息理论则通过委托代理关系、逆向选择、道德风险、激励相容机制与市场信号五个部分来分析经济问题、优化合约和寻找均衡。

企业创新是将不同类型的知识、技能和资源结合起来,组合成新的生产方式、新产品、新的材料及其来源、新市场领域和新的组织形式,进而在经济活动中将这种新的组合转化为经济利润(Carland,2011;Schumpeter,1939),这一过程中可能涉及多种复杂的显性知识及难以从外部获取的隐性知识,外部观察者往往难以准确估量企业内部创新的价值,这便导致企业与外部观察者的信息不对称。外部投资者很可能因为信息不对称而认为创新投资的风险过大,这往往导致创新活动融资困难,因此企业需要通过多种途径对外发送高创新能力信号,例如拥有数量众多的知识产权以及曾经获得过政府补贴等。既有研究对创新活动的市场融资展开了较多讨论,其内容包括从理论层面讨论合约设定和均衡状态,从实证层面讨论可能对外作为创新能力信号的信息等。

在中国,政府创新激励政策是企业创新活动资金的重要来源。一方面,同社会融资过程类似,要在众多的创新激励政策申请者中脱颖而出,企业需要通过信号发送来展示其创新能力。另一方面,处于信息劣势的政府没有能力逐一辨别企业创新信号的真实性,这便为企业策略性行为提供了条件。然而,现行研究在这一领域缺乏讨论。

1.3　已有研究的不足

回顾已有关于创新激励政策下企业策略性行为的研究,尚有如下空白之处:
(1)缺乏对企业策略性行为的理论阐述。
现有研究均从实证的角度对企业策略性行为展开探究,尚未发现基于理论层面的分析。基于不对称信息理论构建模型,能够实现对企业策略性行为的产生和影响的模拟,同时对其可能的对策进行分析,并能够借助模型比较不同对策的效果,这将为实践中的政策操作提供效果预判和重要的理论指引。

(2)尚不清楚企业策略性行为的产生节点与表现形式。

创新激励政策依据其政策工具可分为基于直接补贴的创新激励政策和基于税收优惠的创新激励政策两类。对于不同类别的创新激励政策,其筛选标准、政策执行过程和激励机制均存在一定差别。企业策略性行为更容易出现于哪一类政策的哪个环节?企业将通过何种方式开展策略性行为?对上述问题的回答具有重要的现实意义和实践价值。

(3)尚不清楚企业策略性行为将对创新激励政策效果产生的影响及可能的应对措施。

创新资源具有稀缺性,政府过多地对策略性企业给予政策支持将挤出真正具有高创新能力的企业,这可能导致创新激励政策的激励效果不佳。然而,目前的研究尚未对策略性行为的不利后果展开讨论,也缺乏对于其应对措施和影响因素的探讨。

(4)对创新激励政策的研究大都关注政策执行阶段,而未考虑申请阶段。

在中国,大部分创新激励政策均包括选择环节,即从大量申请者中筛选出符合预定标准的企业给予政策支持。企业为了增大其获得政策支持的概率,往往在申请前依据政府筛选标准预先安排其研发计划,这使得创新激励政策在其申请阶段就已经对企业创新活动产生影响。然而,现有研究往往忽略了企业申请阶段的创新活动变化,使得相关研究存在空白领域。

1.4 研究问题与框架

1.4.1 研究问题

根据上述理论和实证研究的空白之处,本书提出如下三个待解决的问题:①如何从理论层面搭建创新激励政策与企业策略性行为的框架,并讨论其机制、影响与对策?②在中国现有的创新激励政策实践中,企业策略性行为主要出现在何种政策的哪一阶段?其主要表现形式是什么?③企业策略性行为的存在将对创新激励政策的实施效果造成什么影响?是否存在某种因素能够一定程度上约束企业策略性行为的产生?

根据上述三个问题,本书试图完成如下三部分研究内容:

首先,借助信息理论的框架构建模型,讨论由于政府无法区分实质性创新与策略性行为,导致创新能力相对较低的企业通过开展策略性行为获取政策优惠的现象,并考虑开展信号甄别并进行处罚和对企业进行差异化资助两类措施的效果。

其次,选择中国最具代表性的两类创新激励政策:基于直接补贴的研发补贴政策和基于税收优惠的高新技术企业认定政策,讨论企业在申请政策支持的阶段和获得政策支持后的阶段中的创新行为,并识别其中是否可能存在策略性行为以及策略性行为的具体表现形式。

最后,对于可能存在策略性行为的政策及阶段进行详细分析,讨论策略性行为在创新规模、创新成果及经济绩效方面对创新激励政策效果产生的影响。并依据作者提出的"政府对创新指标的偏好和不完善的市场环境是企业策略性行为产生的推动因素"这一观点,针对性地讨论提升政府创新治理水平和加快市场化进程这两个外部因素能否在一定程度上减少企业策略性行为的产生。

1.4.2　研究框架

根据上述研究问题与思路绘制研究框架图,见图 1-5。本书的研究将分为如下几个章节展开:

第一章,有关创新活动的概述。从研究的现实与理论背景出发,基于现实情况提炼问题,检索学术研究对该问题的研究空白点,进而提出研究内容及路径。

第二章,文献综述。梳理已有研究,为本书的内容提供理论基础。根据研究内容,文献部分从如下三个方面展开:创新激励政策对企业创新活动的影响,不对称信息理论及其在创新研究中的应用,创新激励政策中企业策略性行为。并在梳理文献的基础上对企业策略性行为进行界定。

第三章,国内外创新激励政策的实践。阐述国际主要发达国家创新激励政策的情况和中国创新激励政策的实践,并搜集了在中国创新激励政策中企业策略性行为的案例。

第四章,理论模型。借助信息理论的框架,讨论在信息不对称情况下创新能力相对较低的企业通过追求创新产出数量的策略性行为获取政策优惠的现象及可能造成的效率损失,并讨论进行信号甄别并进行处罚和通过激励相容措施引导企业这两类措施的效果。

第五章,实证数据与初步统计分析。介绍本书所使用的上海市科技企业数据库,解释使用该数据的原因并提供相应的统计描述。

第六章,企业策略性行为的识别。针对补贴政策和高新技术企业认定政策,讨论企业在申请政策支持的阶段和获得政策支持后的阶段中的创新行为,并识别其中是否可能存在策略性行为以及策略性行为的具体表现形式。

第七章,企业策略性行为对政策效果的影响。针对高新技术企业认定政策,讨论策略性行为在创新规模和创新成果方面对创新激励政策效果产生的影响。并通过构建动态模型讨论开展策略性行为的企业在获得创新激励政策支持前后逐年的创新活动变化。

第八章,影响策略性行为的外部环境因素。依据作者提出的"政府对创新指标的偏好和不完善的市场环境是企业策略性行为产生的推动因素"这一观点,进一步讨论政府创新治理水平的提升和加快市场化进程这两个外部因素能否一定程度上减少企业策略性行为的出现。

第九章,结论、建议与展望。根据理论和实证分析的结果得出结论并提出相应的政策建议。最后提出本研究的不足之处及未来的发展方向。

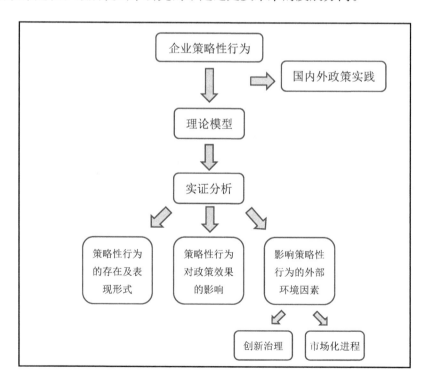

图 1–5　研究框架

1.5　主要创新点

本研究主要的创新之处和贡献可能体现在以下四个方面：

首先，本书的研究内容是对已有研究的推动与补充，为企业策略性行为的研究提供了丰富的研究结论。学术界对企业策略性行为的研究尚处于起步阶段，关于企业策略性行为的界定、表现形式均未形成统一观点，对其负面影响的讨论则较为简略。通过系统性地梳理已有研究，作者提出企业策略性行为的概念，并对企业策略性行为的成因、产生节点、主要表现、对政策效果的负面影响和有助于减少策略性行为的外部环境因素进行了较为深入的探究。因此本书的研究能对已有研究进行综合与补充，并为中国的"创新困境"提供了新的解释。

其次，本书重点考察了创新激励政策的申请阶段，从而丰富了关于策略性行为的研究结论。绝大多数既有研究只讨论了企业获得政策优惠后的创新活动，然而由于中国的主流创新激励政策往往具有选择环节，企业可能会预先规划自身创新活动来提高获得政策支持的概率，因此企业在创新激励政策申请阶段的创新行为也将受到政策影响，若不对此加以考虑，则无法准确估计政策效果。

再次，本书识别出了两类主要的企业策略性行为。一是通过大规模申请非发明专利迅速提升创新成果的数量，二是在参与政策之前短暂的提升研发投入等指标，一旦成功获得政策支持便恢复原有水平。这从动态和静态角度验证了其对创新激励政策效果的负面影响。

最后，本书的结论具有重要的政策价值。本研究发现提升政府创新治理水平和加快市场化进程可以约束企业策略性行为。政府追求高投入产出的创新偏好和不完善的市场机制是企业策略性行为产生的推动因素，作者借此提出提升政府创新治埋水平和加快市场化进程的应对措施。政府创新治理水平的提升使政府介入创新活动的方式从一元管理向多元参与转变，政府在政策制定时更关注地区长远发展而非简单的创新指标，客观上减少了策略性行为的发展空间。同时政府为更了解创新主体的需求，能够从更丰富的维度提供政策支持，客观上减少了企业策略性行为的动机。市场化水平的提升为企业提供了更多融资机会，减弱了企业通过政府政策获取创新资金的急迫性，同时有利于企业真实创新能力信息的充分扩散,降低策略性行为的期望收益。

1.6 本章小结

企业在申请创新激励政策和获得政策支持的阶段均可能采取策略性行为,通过人为调整创新指标和创新活动来适应政府评价标准或应对政府审查,进而提高创新激励政策的预期收益。企业同政府之间的信息不对称是企业策略性行为产生的前提条件,目前中国地方政府追求高投入产出的创新偏好和不完善的市场机制则是策略性行为产生的现实推动因素。本书从理论模型和实证分析两方面对策略性行为问题展开研究,实证分析首先在不同政策、政策的不同节点下识别企业策略性行为,然后讨论了企业策略性行为的负面效应与有助于减少企业策略性行为的外部环境因素。

创新激励政策中的企业策略性行为在学术界尚未获得足够关注,已有研究仅验证了策略性行为的存在并简单讨论了策略性行为的不利后果,缺乏深入研究,因此本书的研究是对现有研究的重要补充。同时,本书的创新点在于:①考虑了创新激励政策的申请阶段;②提出了包含企业策略性行为的理论模型;③提出了识别企业策略性行为的三项标准并从静态和动态角度探讨了策略性行为对创新激励政策效果的影响;④提出了提升政府创新治理水平和加快市场化进程来约束企业策略性行为的机制。

2 文献综述

2.1 创新激励政策与企业创新

2.1.1 创新激励政策的基本概念与作用机制

随着新技术革命和新经济的兴起,创新活动在经济增长中的地位和影响力不断提升,传统古典经济理论的技术外生假设已经不再适用,自熊彼特将创新定义为一种新的生产函数后,创新的内涵和外延不断被扩展,演化出多种思想与流派(代明,殷仪金,戴谢尔,2012)。在众多的创新主体中,企业被认为是最为重要的创造性来源。企业将不同类型的知识、技能和资源结合起来,组合成新的生产方式、新产品、新的材料及其来源、新市场领域和新的组织形式,进而在经济活动中将这种新的组合转化为经济利润(Carland,2011;Schumpeter,1939)。从创新的外延和内涵来说,狭义的创新仅指技术创新,而广义的创新则包含了技术创新、制度创新、组织创新等多种创新形式(Morad,Ragonis,Barak,2021)。

本书所指的企业创新活动仅涉及技术创新范畴。同时,将技术创新活动的范围限定在三个方面:①有明确的创新目标和结果导向,而非无意间发现;②有系统的组织形式,即有明确的目标、合理的规划和人力财力物力支持,活动的范围和边界是可以度量的;③创新结果具有不确定性,即创新活动应当是对未知内容的探索,其结果无法完全事先预期且存在失败的风险。根据《财政部 国家税务总局 科技部关于完善研究开发费用税前加计扣除政策的通知》中对企业研发活动的界定,研发活动是指"企业为获得科学与技术新知识,创造性运用科学技术新知识,或实质性改进技术、产品(服务)、工艺而持续进行的具有明确目标的系统性活动",本书中所提到的企业创新便是指企业进行的符合上述定义的研发活动。

在众多创新形式中,其基本范式是企业将各种显性和隐性知识通过不同的方式组合起来(Magnier-Watanabe,Benton,2017),在其基础上推导出新的知识,这是一个循序渐进的过程,新的创新总是建立在已有创新成果的基础上(彭杰,1997)。随着技术的进步,创新所蕴含的技术复杂度也逐步提升,新技术的开发成本不断提升、风险不断增大,而其经济效益则难以预测,这使得企业的研发活动往往面临资金不足的困难(Silva & Carreira,2012)。另一方面,知识存在溢出效应,在新的技术或产品出现后,其他企业竞相模仿,造成知识扩散,使得原有企业无法获得由创新活动带来的全部收益,这种正外部性会影响企业研发决策,导致私人研发不足的问题(Jaffe,Newell,Stavins,2005)。因此,需要由公共部门向企业提供政策支持来缓解企业融资约束、鼓励研发(Chundakkadan 等,2020)。

学术界和政策制定者关于创新政策的概念并未形成一致的定义,与之相关的概念还包括技术创新政策、科技政策、科学政策、研发政策等。实际上,科学、技术和创新相互交叉而又各有不同(陈劲,2013)。Lundvall 和 Borrás(2006)梳理了同创新政策相关的概念,并将其依据政策对象的范围划分为从小到大相互嵌套的三个部分:科学政策、技术政策和创新政策。其中科学政策主要致力于科学知识的产生,包括鼓励开展基础研究,并通过教育进行人力资本的培养(Dodgson,2002);技术政策则致力于将科学知识转化为可使用的技术,包括鼓励新技术和已有技术的发展与应用、设备与基础设施开发等;创新政策则覆盖范围更加广泛,致力于提升经济的综合创新能力(Dodgson,2009)。然而,尽管"创新政策比科学和技术政策覆盖范围更广"的观点得到了广泛认可,但关于创新政策的边界究竟在何处,还尚未有清晰的界定。主流的观点大致可分为狭义和广义两类,其中狭义观点认为创新政策是在科学政策的基础上发展而来的,将科学政策、技术政策同产业政策相结合的产物,支持此类观点的代表性研究包括Rthwell(1986)、Lundvall 和 Borrás(2006)、孙蕊,吴金希,王少洪(2016);广义观点则认为创新政策不仅仅止步于技术与产业的范畴,还应当扩展到经济、文化和社会领域,支持此类观点的代表性研究包括 OECD(1982)、徐大可和陈劲(2004)、薛澜,柳卸林,穆荣平(2011)。本书的研究仅涉及狭义创新政策的范畴。

创新政策在各国实践中逐渐形成了一个庞大而繁杂的体系。OECD(2010)提出创新政策组合(innovation policy mix)的概念,认为创新政策实质上是不同政策工具在不同政策目标和受益群体上的组合,并进一步因其实施层次(Lanahan & Feldman,2015;Magro & Wilson,2013)、作用维度(Flanagan,Uyarra,Laranja,2011)和与其他政策的互动(Magro,Navarro,Zabala-Iturriagagoitia,2014;Magro & Wilson,2019)而变得更为复杂。OECD 建立的各国创新政策信息平台 STIP Compass 采用了一个三维度政策分类法,包括六个政策主题(50 个子类)、五种政策工具(28 个子类)和八组目标受益者(31 个子类)①,极为详尽地囊括了创新政策的各个分支(Russo & Pavone,2021)。学术界在创新政策分类方面也进行了较为深入的探索。国际上较为常用的分类方式包括依据政策工具分类(Borras & Edquist, 2013)、依据政策目标分类(Steinmueller,2010)和依据政策执行情况分类(Bodas & Von Tunzelmann,2008)等。以中国为背景的研究除上述分类方式外,还提供了更为本土化的分类方法,包括依据政策实施层面划分中央和地方政策(王敏,伊藤亚圣,李卓然,2017);依据政策干预程度分为强制型、混合型和自愿型政策(李世超和蔺楠,2011);依据是否需要筛选受益者分为普适性和竞争性政策(Luo & Sun,2020);依据政策影响层面分为供给面、需求面和环境面政策(张雅娴和苏峻,2001;谢青和田志龙,2015)等。根据 Edler 和 Fagerberg(2017)提出的 15 类创新政策工具,并结合创新政策影响层面和政策目标,可构建如表 2-1 所示的创新政策分类体系。

　　从表中可看出,尽管创新政策工具种类繁多,但大多数工具都并非直接作用于创新活动本身,而是通过提供创新支持、改善创新环境、扩大创新需求等间接途径发挥效果。由于税收优惠和直接补贴两类政策工具能够对扩大企业创新规模起到最直接、最显著的作用,是当前各国政府最重要的创新激励手段(González & Pazó,2008)。因此,一些针对企业创新活动的研究进一步提出"创新激励政策"的概念,即以税收优惠、财政补贴为核心的能够对企业创新活动起直接激励作用的创新政策(陈强远,林思彤,张醒,2020)。其中,直接补贴是指政策执行者通过财政拨款等方式直接给予企业研发资金,降低企业创新活动的成本,鼓励企业扩大创新规模;税收激励则通过研发费用加计扣除、提供优惠税率、税款递延等方式缓解企业资金约束,鼓励企业增加创新投入(关勇军,2012;赵书博,2013)。江飞涛和李晓萍(2010)指出中国的产业政策是典型意义的选择

---

① 详见 STIP Compass 官方网站 https://stip.oecd.org/stip/。

表 2 - 1　创新政策分类体系

政策工具	政策层面			政策目标						
	供给面	需求面	环境面	增加研发	人员技能	提升专业度	提升系统性和互补性	提升创新需求	改进规则	方向引导
税收激励	+++			+++						
直接补贴	+++			+++						
培训与教育	+++				+	+++				
创业服务	+++					+++				
技术服务	+++					+++				
企业集聚	+++					+	+++			
鼓励创新合作	+++					+	+++	+++		
创新网络	+++	++					+++	+++		
政府采购		+++						+++		
公共商业采购①	+	+++		+				+++		
提升创新需求		+++						+++		
创新竞赛	++	++		++			+	++		
行业标准			+				+		+++	
规制			+				+		+++	+++
技术预测			+							+++

注：“+++”表示非常相关，“++”表示较为相关，“+”表示适度相关。

① 即对需求进一步研发的创新产品和服务进行公共采购，以鼓励创新，增强创新需求，引导创新方向。这一政策在美国和欧洲广泛采用。（Edquist & Zabala-Iturriagagoitia，2015）

性产业政策,创新激励政策作为一种重要的产业政策,往往通过筛选方式对部分符合政策目标的企业进行创新激励,因此又可借助产业政策的分类框架,划分为普惠性和选择性的政策。其中普惠性是指对所有企业或特定范围内企业不加选择地全部给予优惠的创新激励政策,选择性是指对政策优惠申请者进行进一步筛选后部分给予优惠的创新激励政策。表2-2给出了中国在选择性和普惠性创新激励政策方面的实践。

表2-2　中国选择性和普适性创新激励政策的案例

	直接补贴类	税收优惠类
选择性	各种科技创新专项、基金	高新技术企业认定政策
普惠性	科技创新券	企业研发费用加计扣除

2.1.2　直接补贴与企业创新

(1) 政府补贴与企业创新的关系。

尽管理论分析认为补贴政策对企业创新活动存在激励作用,但已有的实证研究得出的结论并未完全支持这一观点,学者们对补贴的创新激励效果得出的结论存在分歧(Brüggemann & Proeger,2017;江静,20117)。主流观点可以分为"促进论"和"抑制论"两个派别。

有关"促进论"的研究证据是最充分的,主流观点大都认为直接补贴能够对企业创新产生积极影响。首先,政府通过直接提供创新资源的方式为企业分担了部分研发成本和风险,企业单位研发支出的期望收益扩大,从而有更强的意愿开展创新活动(Lee & Beom,2010)。其次,由于知识存在溢出效应,创新企业难以避免其他企业对其创新成果的模仿、借鉴与再创造,而这将使创新活动的私人回报率低于社会回报率,进而产生创新不足的问题(Jaffe,Newell,Stavins,2005;张杰,2015)。政府资助通过直接给予企业资金支持,弥补了企业因知识外溢造成的损失,因此能够鼓励企业扩大创新规模(Chundakkadan & Sasidharan,2020)。最后,受到来自政府的研发资助可以作为企业创新能力较强的一个信号,更有利于企业在金融市场上获得资金支持(Takalo & Tanayama,2010;王刚刚,谢富纪,贾友,2017;Wu,2017),这对于缓解企业研发资金约束是极为重要的。Tanayama(2007)的研究表明政府在发放补贴时更倾向于存在技术风险、有技术合作以及来自中小企业的项目,这也从侧面印证了补贴的三种作用机制:降低研发风险、修正溢出效应、缓和融资约束。另一方面,由于政府在配置创新资源时存在选择过程,可以有针对性地重点支持某些特定领域或有较强正外部性的研发项目,这种指向性和引导作用有助于实现国家战略发展目标(谢青和田志龙,2015),营造良好的创新环境,进而对未获得政策补贴的企业也起到积极作用(晏艳阳、吴志超,2020)。

另外也有相当一部分研究支持"抑制论",认为政府补贴会减少企业自身的研发投资(王晓珍,2017)。首先,在企业的研发计划相对固定的情况下,企业可能不会因为临时的政府激励措施而改变研发计划或加快研发进程,只是会简单地用公共资金替代私人资金(Montmartin & Herrera,2015)。其次,政府补贴可能会对企业创新活动产生扭曲,由于补贴往往会直接给予企业的某个研发项目,企业可能针对获得补贴的项目开展创新活动,而忽略了其他未获得补贴的项目,使得企业整体创新规模缩小(Lach,2002)。最后,政府补贴可能会滋生腐败和寻租行为(黄宇虹,2018),一些创新能力较弱的企业通过寻租获得补贴资金但并不将其应用到创新活动中去,甚至有一些"僵尸企业"必须完全依靠政府补贴才能生存,这导致政府资金的误置和浪费(栾强等,2018)。

学者们针对补贴政策对企业创新的影响开展了大量实证研究。从国家层面而言,既有以发达国家为背景的研究,包括美国(Lanahan,Joshi,Johnson,2021)、德国(Hud & Hussinger,2015)、法国(Marino 等,2016)、意大利(Bronzini & Piselli,2016;Hall,Lotti,Mairesse,2009)、加拿大(Mansfield & Switzer,1985)、日本(Kobayashi,2013)、韩国(Choi & Lee,2017)等;也有以发展中国家为背景的研究,包括中国(Gao 等,2021)、印度(Shrimali,2021)、阿根廷(Crespi 等,2016)等。从产业层面而言,则包括战略新兴产业(储德银,纪凡,杨珊,2017;伍健等,2018)、高科技产业(Liu,Li,Li,2016;李维安,李浩波,李慧聪,2016)、制造业(杨洋,魏江,罗来君,2015;Carboni,2017)、服务业(Basit,Kuhn,Ahmed,2018)等。从样本层面而言,则包括大型工业企业(杨洋,魏江,罗来君,2015;Dang & Motohashi,2015;张玉,陈凯华,乔为国,2017)、上市公司(佟爱琴,2016;Wu,2017)、中小企业(黄宇虹,2018)、国有企业与民营企业(栾强和罗守贵,2017)、外资企业与内资企业(江静,2011;王军和黄凌云,2017)、僵尸企业(栾强等,2018)等。上述研究得出了极为丰富的结论。

（2）政府补贴在企业创新投入方面的影响。

政府补贴的"促进论"和"抑制论"之争在企业创新投入方面表现的最为激烈。关于补贴对企业创新投入的影响的研究可分为线性效应（linear effect）和非线性效应（nonlinear effect）两大类。其中，线性效应认为创新激励对企业的影响是线性的，其影响的大小和方向同政府补贴或税收优惠的规模无关，又可分为挤入效应（crowding-in effect）、挤出效应（crowding-out effect）和无效应（no effect）。挤入效应和挤出效应分别认为获得政府补贴将鼓励或抑制企业进行创新投入，而无效应则介于两者之间，认为企业会将公共资金投入研发活动，但既不会增加也不会减少私人资金投入（Busom，Corchuelo，Martinez-Ros，2014；Zúñiga-Vicente 等，2014）。图 2－1 描述了三类线性效应之间的关系。从私人研发投资规模来看，A、B 中企业私人研发投资均低于无政策时的投资规模，为挤出效应；D 中企业私人研发投资高于无政策时的投资规模，为挤入效应；C 为无效应。从总研发投资规模来看，A 中总研发投资规模同无政策时的投资规模相同，B、C、D 中的总研发投资规模均高于无政策时的投资规模，这说明即使政府的研发激励政策对私人研发投资产生了挤出效应，仍可能提高企业研发总规模、增加企业研发产出。Dimos 和 Pugh（2016）总结了 52 篇相关研究，发现在其中近 300 次实证回归中，有 164 次结论支持挤入效应，117 次结论支持无效应，而13 次回归支持挤出效应，但他们的研究也指出，政府研发激励政策对企业私人研发投资的影响依据不同国家、数据层次、政策工具而具有异质性，不能一概而论。

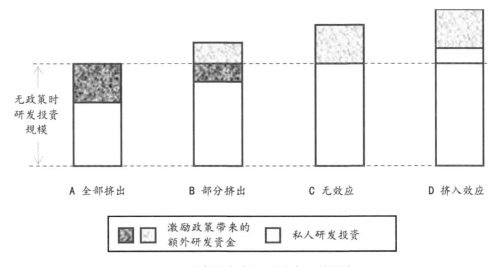

图 2－1　政府补贴对企业创新投入的影响

除研究对象的异质性外,关于挤入效应和挤出效应之争的另一个可能原因是规模效应,因此学者提出了政府研发激励政策的非线性效应(宋丽颖和杨潭,2016)。假使政府激励政策带来的额外研发资金能够鼓励企业增加研发投资,企业的资金、产能和管理能力等外部因素的限制也使得研发规模不可能无限制地扩张下去。因此,必然存在一个最大研发规模的界限,在这一界限之前,企业私人 R&D(研究与试验发展)投资随着政策资金比例的提高而提高,在研发活动达到最大规模后,企业将维持研发规模和总研发投入不变,再增大政策支持力度将会导致企业用公共资金替代私人投资。因此,政府研发激励政策同私人 R&D 投资之间可能存在一个先挤入后挤出的"倒 U 型"关系,存在一个政策支持最优区间,来自政府的研发支持比例高于或低于这一区间都会导致私人研发投资的减少(毛其淋和许家云,2015)。

(3) 政府补贴在企业创新产出与生产效率方面的影响。

政府补贴对企业创新产出和生产效率的影响也备受学者关注。研发产出可分为两类,一是技术产出,一般用知识产权的产出来衡量;二是经济产出,一般用新产品的收入来衡量。有关研发产出的研究大都认为政府补贴能够促进创新产出的增长(Klette,Men,Griliches,2000;Bronzini & Piselli,2016),其理由在于即使政策存在挤出效应,企业的总研发投入(私人研发投入与政策优惠带来的研发资金之和)也大都高于企业获得政策支持前水平,企业可支配的研发资金增加,其研发成果也就相应增多(陈红,张玉,刘东霞,2018)。

除研发产出的数量指标外,也有一部分研究考察获得补贴后研发产出的质量变化。相关研究大多数用专利引用次数、专利授权率、专利续费率来衡量质量,认为高质量的生产技术可能具有更高复杂度、与其他新技术的关联性更强,因此其引用、授权、续费指标也应更高(龙小宁和王俊,2015)。另外一些研究则将不同知识产权依据其蕴含的技术水平分为高质量和低质量两类,探究研发激励政策能否使高质量的知识产权数目增加(白旭云,王砚羽,苏欣,2019)。对于产出质量的实证结论则大都认为政府研发激励并未提高企业专利质量,甚至还存在负效应(林洲钰,林汉川,邓兴华,2015;龙小宁和王俊,2015)。一方面,没有切实证据表明来源于政府的资金比其他来源资金使用效率更高、更能促进企业研发能力提升;另一方面,由于政府并不了解企业研发的具体内容,较难判断企业产出质量高低,使得企业可能没有努力提升研究质量的动力。

同研发产出质量的结论类似,有关生产效率方面的研究也存在不同观点。尽管来自政府的研发支持可能使企业扩大研究规模、提高研发产出数量,但企业的生产率不一定得到提升(Catozzella & Vivarelli,2016)。这一现象的解释则包括两方面,一是技术转化效率的问题,即使研发活动获得了较多技术成果,将技术转化为产品或新的生产方式可能也需要较长时间,这使得人们无法立刻观察到生产率提升;二是政府激励政策的机制问题,即企业在获得政策支持后,往往会同时接受政府的监督和定期考核,企业为了达到政府考核的要求可能会开展突击式的研究活动,获得一些对自身价值不高的研发产出,这些研发成果可能无法提高企业生产效率。

2.1.3 税收优惠政策与企业创新

大多数学术研究认为税收政策能够对企业创新产生推动作用(Mukherjee,Singh,Zaldokas,2017;Czarnitzkiab,Hanel,Rosa,2011;Atkinson,2007)。基于企业所得的税收优惠降低了企业经营成本,将更多可支配资金留存在企业内部,这一方面缓解了企业的融资约束,使企业能够将更多资源投入到新的研发活动中去(Myers & Majluf,1984;Bronzini & Piselli,2016),而不会扭曲企业投资决策,另一方面也使得企业能够为股东和员工提供更高回报,从而进一步吸引资金和优质人才(Lokshin & Mohnen,2013)。更多关于 R&D 需求价格弹性的研究表明,基于研发支出的税收政策则能够直接降低研发活动的边际成本(R&D user cost),进而鼓励企业开展研发活动(Wilson,2009;Bloom,Griffith,Van-Reenen,2002)。税收优惠带动研发的其他论据还包括降低企业经营风险(William & Brown,2013),影响企业的资源配置行为,将原本用于避税的资源转移到研发活动中来(Atanassov & Liu,2015)等行为。此外,另一些基于税收的创新激励政策将获得税收优惠的额度同企业创新投入关联起来,如企业研发费用加计扣除政策,企业创新投入越多获得的政策优惠就越大,能够直接促进企业扩大创新规模。因此部分研究认为税收优惠类创新激励政策能够更好地促进企业创新(周江华 等,2017)。

世界各国广泛采用税收优惠的方式鼓励企业开展创新活动,其方式大多都是通过基于研发费用计算税收扣除(赵书博,2013)。学者们在这一政策领域展开了大量研究,早期研究主要以美国等发达国家为主,随后扩展到其他国家

（Castellacci & Lie，2015）。国别相关研究包括美国（Finley，Lusch，Cook，2015）、日本（Kobayashi，2013）、西班牙（Álvarez-Ayuso，Kao，Romero-Jordán，2018）、荷兰（Lokshin & Mohnen，2012）、阿根廷（Crespi 等，2016）、中国（Yang，Huang，Hou，2012；Chen & Yang，2019；王春元，2017；李新 等，2019）等，也有一些同时针对多个国家的研究，如 Bloom，Griffith，Van-Reenen，（2002）、Guellec 和 Van Pottelsberghe（2003）对 OECD（经济合作与发展组织）成员国税收政策的研究，均发现以税收优惠为主的创新激励政策对企业创新活动起到积极作用。更深入的研究还发现税收优惠不仅能够在短期直接提升企业研发强度（Yang，Huang，Hou，2012），还可鼓励企业调整长期研发规划，持续扩大创新规模（Rao，2016）。同时，税收优惠还能够推动技术转化为产品、提升企业的创新质量并带来额外的创新产出（Czarnitzki，Hanec，Rosa，2011）。

仍有少部分研究得出了税收优惠可能对经济产生负面影响或无显著促进作用的结论。其理由主要在于尽管税收优惠本身能够鼓励企业开展创新活动，但促进效果十分有限，无法弥补政府的税收损失（Mansfield & Switzer，1985；Thomson，2010）。Busom，Corchuelo，Martinez-Ros（2014）对比了补贴政策和税收抵免政策的创新激励效果，发现税收抵免政策鼓励企业创新的效果弱于补贴政策，尤其是对于年轻企业，但是两类政策在解决市场失灵问题上的作用并不能互相替代，因此不能完全否定基于税收优惠的创新激励政策。另外一些研究则是针对一般的税收优惠，即不属于创新政策范畴的税收优惠，发现此类税收优惠政策对企业创新的促进效果较为微弱，如 Howell（2016）对中国 2004 年增值税改革的研究、Thomson（2010）对澳大利亚研发投资决定因素的研究、Chen 和Gupta（2017）对台湾上市公司的研究。还有一些研究认为税收优惠类创新激励同政府补贴一样，也可能存在非线性影响，即小规模的税收优惠能够促进企业扩大创新规模，但随着税收优惠幅度的增大，企业反而出现研发强度降低的现象（吴松彬，张凯，黄惠丹等，2018）。最后，还有少部分研究发现税收优惠可能对企业创新造成负面影响，如 Thomson（2017）对 OECD 国家的研究，发现税收优惠的需求价格弹性为负，张玉，陈凯华，乔为国（2017）、李静怡，王祯阳，武咸云（2020）对中国创新政策的研究也得出了负相关的结论。

由于中国税收政策的多样性，以中国为研究背景的相关讨论，除了涉及研发费用加计扣除税收优惠政策外,还探讨了诸如高新技术企业认定政策[①]等政策。有大量中国高新技术企业认定政策的研究认为高新技术企业的所得税优惠能够显著提升企业创新投入(Jia & Ma,2017;Chen 等,2021),而且还能同补贴政策形成协同作用,其政策效果要好于单独使用一种政策工具(张娜和杜俊涛,2019)。高新技术企业认定也可作为企业具有高创新能力的信号,有助于企业获得投资与合作(雷根强和郭玥,2018)。然而,也有大量研究指出,高新技术企业税收优惠的创新激励效应并非对所有企业都有效(Dai & Wang,2019),有大量企业并未将税收优惠的资金用于创新活动,他们仅仅将高新技术企业认定政策作为一种避税途径(李维安,李浩波,李慧聪,2016)。更多的研究则发现企业在高新技术企业认定过程中存在策略性行为,包括在申请时加大研发资金投入(杨国超,郭树龙,张龙鹏,2017)、研发人员投入(陈珍珍,何宇,徐长生,2019)和申请非发明专利(Luo & Sun,2020)等。

2.1.4 以中国为背景的研究

在中国,随着经济增长模式由要素驱动向创新驱动转型,创新激励政策逐渐成为学者们关注的重点,涌现出大量研究。从数据来源上来看,基于宏观数据的研究大多使用省级或地市级的年度统计数据或分行业数(王金杰,郭树龙,张龙鹏,2018),基于微观数据的研究则大多使用各大数据库的年度企业数据。较为主流的企业数据库包括:工业企业数据库,包括自 1998 年以来各省份规模以上工业企业的年度统计信息(廖信林,顾炜宇,王立勇,2013;张杰等,2015;曹平,2018;谢小平,汤萱,傅元海,2017);上市公司数据,即 A 股上市公司年度披露的信息(孙刚,2018;朱治理,温军,赵建兵,2016;李昊洋,程小可,高升好,2018;邢会,王飞,高素英,2019;郝项超,梁琪,李政,2018;郭玥,2018);企业调查数据库,如世界银行中国企业调查数据库(龙小宁和林志帆,2018)。总的来看,最主流的两个数据库覆盖的企业以工业制造业企业为主,涉及第三产业的研究较少;以大中规模企业为主,关注小微企业的研究较少。

从研究结论上看,在政府研发激励政策与企业研发投入的影响方面,早期的研究结论倾向于挤入效应(朱平芳和徐伟民,2003;许治和师萍,2005),但近期

---

① 本书在第 3.2.2 节提供了该政策的详细介绍,此处不展开介绍。

的研究则认为政府研发激励政策对企业研发投入的直接挤入效应不明显(张杰等,2015),但政府补贴可以通过信号效应帮助企业获得社会投资跟进(朱治理,温军,赵建兵,2016;郭玥,2018)。另外,也有研究认为政府研发激励政策对企业研发投入之间是非线性关系,存在一个最优政策支持力度的区间(毛其淋和许家云,2015;陈钰芬,周昇,黄梦娴,2012)。

关于政府研发激励政策对企业专利等技术产出的影响,绝大多数研究都发现企业的技术产出的数量增加了(黄贤凤,武博,王建华,2014),但大量更为深入的研究则发现这一技术产出数量的增加主要是非发明专利等产出的增加(鲍宗客和朱魏巍,2017;黎文靖和郑曼妮,2016),此类创新产出往往具有成本低、周期短的特征,而其中蕴含的技术含量却也相对偏低,导致创新质量提升缓慢甚至下降。上述现象很可能是由于中国地方政府的"创新崇拜"导致的(申宇,黄昊,赵玲,2018)。政府激励政策虽然有利于帮助企业在某一领域建立竞争优势,但也不利于企业经营业务的多元化发展(杨兴全,尹兴强,孟庆玺,2018)。也有研究对比了来自企业经费、政府经费和银行贷款三种来源的科技支出的使用效果,发现来自政府和银行的经费投入的绩效相对较低,其资源利用率和要素贡献的弹性系数也都偏低(蒋开东,王其冬,俞立平,2014)。上述现象均指向一个问题:各级政府研发激励政策似乎对企业研发活动存在一定的影响,使得政府资金的使用效率较低、激励效果不佳。

有关生产效率的研究结论进一步印证了上述问题的存在。关于中国早期增长的研究文献认为,中国等东亚国家的经济增长主要靠人力资本和投资等要素拉动(Young,2000,2003),而全要素生产率(TFP)的增长较为缓慢。一些研究对比了中国加入WTO(世界贸易组织)前后的全要素生产率变化,发现中国在2002—2007年之间的全要素生产率要远高于1998—2001年的情况(Brandt et al.,2017)。然而,研发激励政策在这一全要素生产率的增长中发挥的作用却与人们的期望有较大差距。研发投入的提高对全要素生产率的提升可能没有显著作用,而研发规模的扩大甚至可能会削弱全要素生产率在经济增长中的积极作用(唐未兵,傅元海,王展祥,2014)。基于微观企业的研究显示,尽管政府的激励政策显著增加了企业研发成果,但企业全要素生产率却变化不大甚至有所降低(栾强和罗守贵,2017)。从研发激励政策与生产效率的增长比例来看,在1998—2014年间,社会研发投入强度的增长率不断提高,但生产效率的增长率却未发生较大变化(图 2 - 2)。因此,有必要对政府研发激励政策以及获得政策支持后的企业行为进行研究,以寻找此类"创新困境"的成因与解决对策。

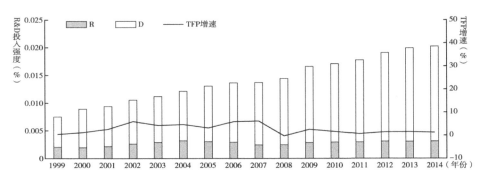

图 2 - 2 1998—2014 年间中国研发投入和 TFP 的增速情况

资料来源:叶祥松和刘敬(2018)

2.2 信息不对称理论

2.2.1 信息不对称理论的基本概念

Hartley(1928)最早将"信息"作为一种术语引入科学研究,Shannon(1948)进一步将信息定义为"用于消除随机不确定性的东西",成为现代信息论研究的开端。信息具有内在价值,能够帮助决策双方更好地评估成本、收益与风险,进而实现效用最大化。从现实角度而言,信息是稀缺的,获取和处理信息均需付出资源和精力(许丹琳,2018)。然而,传统经济学理论长期以来假设市场主体能够获得全部市场信息而无需产生成本,进而做出最优化决策,这使得通过经济学模型对现实进行预测往往会产生偏差。Akerlof(1970)、Arrow(1972)等人的研究最早将信息不对称(information asymmetry)的概念引入经济学领域,并认为在经济活动中交易双方掌握的信息量是不同的,这种信息不对称造成双方谈判地位的不对等,进而将导致市场失灵(market failure),位于信息优势的一方能够获得更多好处,但社会总福利下降。

在复杂的经济环境下,信息不对称的出现也存在多种情形。例如,依据信息不对称在交易过程中的发生节点来区分,信息不对称既可以发生在交易之前,也可能发生在交易之后。依据信息不对称中的信息类别来区分,则存在不对称现象的信息既可能是某种知识或特征,也可能是某种行为。依据交易过程中首先采取行动的主体来区分,则既可能是信息优势方先进行信号传递,也可能是信息劣势方先进行信息甄别。具体而言,经济领域最常出现的信息不对称情况可以大致进行如下划分:

■ 逆向选择(adverse selection)。在交易达成之前出现信息不对称,交易一方缺乏关于交易另一方偏好、执行能力、产品质量等方面的知识,进而无法准确估量对方产品或服务的真实价值。由于逆向选择情形发生在交易达成之前,依据交易双方采取的行动不同可继续细分为信号传递(signaling)和信息甄别(screening)两种类型:

◆ 信号传递。由信息优势方出价或提出合同要约,而信息劣势方则决定是否接受,信息优势方会试图通过他提出的价格或合同发送信号。例如在雇佣关系中,雇主因为无法判断雇员的工作能力而处于信息劣势地位。教育会耗费大量时间和精力,吸收和处理知识的能力相对较高的人,可能会接受更多教育、具有更高学历水平,因此学历便成为工作能力的一个信号,雇员通过显示高学历来获取更高的工资水平,并面临进行更多学习的负效用和获得高工资的正效用之间的权衡取舍(Spence 1973,1974)。

◆ 信息甄别。由信息劣势方出价或提出合同要约,而信息优势方决定是否接受,信息劣势方必须甄别信息优势方的不同信息。例如在雇佣关系中,雇主可以针对不同工作能力提供不同的报酬,但同时必须判断选择高报酬的雇员是否真正具备高工作能力,因为若低工作能力的雇员获得的报酬过低,可能会通过接受更多教育伪装成高工作能力的雇员,进而获取高报酬。因此雇主必须对低能力雇员提供一个合理报酬,使得该报酬带给低能力雇员的效用至少不低于通过受教育伪装成高能力雇员的净效用。

■ 道德风险(moral hazard)。在交易达成之后出现信息不对称,交易一方由于无法观察到交易另一方的行为,进而无法判断另一方是否在履行双方在交易中达成的约定。例如在雇佣关系达成后,由于雇主无法判断雇员在工作中付出了多少努力,雇员很可能并不认真工作,然后将产出较少的原因归结为外部环境的问题,导致雇主的损失。另外,在健康保险的案例中,保险公司基于投保人当前的健康状况决定保费的金额,然而当投保人获得保险后,很可能不再重视健康问题或开展危险活动(Peltzman,1975),导致保险公司保金收入低于保险开支。

上述分类仅对信息不对称情况进行了简单划分,在信息理论的实际应用中,还涉及到更为复杂的情况,例如可验证信号(Townsend,1979;Fishman & Hagerty,1995)、多维激励(Adams & Yellen,1976)、多边信息不对称(Maskin & Riley,1989)、多代理人的道德风险和串谋(Alchian & Demsetz,1972;Holmström,1982)、不完全合同(Walsh,1995)以及动态逆向选择与道德风险问题(Hart & Tirole,1988;Chiappori等,1994)。

2.2.2　信息不对称理论在创新研究中的应用

企业开展创新活动常常需要从外部获得风险投资、政府资助、银行贷款或其他研发资金,然而由于创新活动的知识门槛较高,资金持有者往往难以得知企业开展创新活动的真实状态,存在信息不对称的情况。根据信息不对称发生的时点,可大致分为两种情况,一是逆向选择情形,即资金持有者在给予企业创新资金前缺乏有关企业创新能力的信息;二是道德风险情形,即资金持有者在给予企业创新资金后,无法充分掌握企业的创新进展(Arrow,1962;Zeckhauser,1996;Spulber,2008,2010)。有大量文献借助信息不对称理论对企业同资助者之间的创新博弈展开讨论。

Hellmann和Puri(2000)将采取自主创新和模仿创新战略的公司区分开来,发现创新者更有可能得到投资人的支持,并且比模仿者更快地将他们的产品推向市场。然而在逆向选择存在的情况下,投资人无法观察企业创新能力,企业则通过向外散布创新能力信号使投资人了解自己(Fabriz等,2013;Plehn-Dujowich,2009)。已经识别的创新信号有多种,例如获得创新奖项(Chari,Golosov,Tsyvinski,2012)、拥有专利数量(Antelo,2003)、获得政府补贴(Takalo & Tanayama,2010)等,其中专利数量是最为重要和最为常用的创新信号。一些理论研究提出了信号操纵的问题,认为企业通过控制对外发送的创新信号来增加获得融资的机会,专利数量就是能够轻易被企业操纵的创新信号之一(Chari,Golosov,Tsyvinski,2012)。专利数量越多的企业,获得外部投资的机会就越大(Engel & Keilbach,2007),因此企业将努力追求专利数量的提升,在这一过程中不免会出现专利质量的下降。Comino 和 Graziano(2015)的研究指出了过度追求专利数量可能导致的严重后果：当一部分"虚假的创新者"开始申请低成本、低质量的专利后，"真正的创新者"也被迫申请同样的专利以证明自己的创新能力，最后整个经济将陷入恶性循环。后续的研究则从理论层面提出了对专利信号操纵问题的解决方案，包括提高专利授权的标准（Comino & Graziano,2015）、引入企业声誉（Koenen & Peitz,2013）和两级专利制度（Atal & Bar,2014）。

另外一部分研究讨论了创新资助的道德风险问题。由于投资者在交付创新资金后无法观察企业创新效果，企业并不会将资金全部投入创新（Macho-Stadler，Martiez-Giralt，Perez-Castrillo,1996）。Jensen & Thursby(2001)提出在创新活动中的委托代理模型，令出资人的商业效益取决于企业的创新努力程度。在这种情况下，通常需要对企业的研发成果给予额外补偿，才能鼓励企业将资金全部投入创新（Lowe,2006）。另一部分关于知识产权转让的研究则发现，如果创新主体多的资金用于既可以将创新成果用于自身创业也可用于转让，那么企业将会保留较高质量的发明而仅转让较低质量的创新成果（Spulber,2012）。大量研究讨论了道德风险问题的应对措施，主要思路是将创新主体的总收益同投资者或知识产权购买者的收益关联起来（Poblete & Spulber,2012）。Poblete 和 Spulber(2017)则改进了上述研究，提出一个具有双重道德风险的模型，委托人与代理人达成研发合同，由代理人开展研发，委托人在观察创新成果质量后，可以向代理人提供重新谈判合同的机会，最后委托人将创新成果用于经济活动。

尽管大多数有关创新的理论研究更加关注市场主体之间的创新投资、委托和转让合同，政府同企业之间的创新互动也值得关注。杨瑞龙和侯方宇(2019)指出，产业政策实质上是政府与企业之间签订的一个不完全契约，该契约的不完全性既表现为政府和企业均无法预料到未来可能发生的所有情形，也表现为没有一个第三方可以确保契约有效执行，因此政策过程中的信息不对称问题可能较市场机制更加严重。少量研究讨论了创新激励政策同企业创新的关系，一类研究讨论了政府创新激励政策中的逆向选择问题。安同良，周绍东，皮建才(2009)考虑了在申请政府创新补贴的过程中出现的企业信号操纵问题，发现企业对外发出的虚假信号使得政府无法识别真正的创新型企业，进而削弱了政效果,并指出加强监管和筛查能够一定程度上缓解信号操纵问题。Macher 等(2011)则讨论了多个监管机构的问题,发现监管机构从多个维度内生和积极地去缩小信息差,能够发挥更好的监管效果。Aguirre 和 Beitia(2017)则提出在存在逆向选择时,可以向企业提供补偿性激励,通过支付一部分信息租金来使信息优势一方执行合约。另一类研究则进一步讨论了政府创新激励政策的效果问题。Leibowicz(2018)指出政府资助溢出效应较强、创新成本高的创新活动能够更好地提升社会福利。Iwaisako 和 Ohki(2019)则将企业依据创新能力划分为引领者和追随者,认为尽管引领者具有更高创新能力,政府也应当对追随者给予一定创新支持,因为这样可以促进他们更快成长为引领者。Kang(2006)、Furukawa(2013)、Perez-Sebastian(2015)等人的研究则讨论了知识产权保护和创新激励两类创新政策之间的协同作用,发现知识产权保护政策能够促进政府创新资助发挥更好的效果,但过严的知识产权保护则可能导致创新投资不充分的问题。

2.3 创新激励政策中的企业策略性行为

2.3.1 企业策略性行为的界定:基于信息理论的框架

目前同企业策略性行为相关的研究尚未就其概念名称及界定达成一致。黎文靖和郑曼妮(2016)最早提出近似概念,将本书中所说的企业策略性行为称为"策略性创新",将其界定为"以谋求其他利益为目的,通过追求创新'数量'和'速度'来迎合监管与政府的创新策略",并指出企业进行策略性创新的方式是通过申请非发明专利等"微小的、低技术水平的创新"来实现的。后续研究大多借助这一框架,讨论企业追求专利数量的策略性行为。随着一些针对高新技术企业认定政策的研究发现申请者可能刻意提升其研发投入水平,因此企业对于研发投入的操纵行为也被纳入到策略性行为的框架中来,韩凤芹和陈亚平(2020)将其称为"政策迎合行为",将其界定为"企业为了获取更多的财政补贴和税收优惠,调整自身指标和内部结构,主动迎合高新技术企业的认定条件"的行为。

表2-3　企业策略性行为相关概念汇总

名称	界定	概念解释与衡量方式	识别指标	文献
策略性创新	以谋求其他利益为目的，通过追求创新"数量"和"速度"来迎合监管与政府的创新策略	策略性创新只是为了迎合监管政府政策，体现的是企业创新的"量变"，一般都只需要微小的、低技术水平的创新。把企业申请实用新型专利和外观设计专利行为认定为策略性创新	专利	黎文靖和郑曼妮（2016）
	在现有技术的基础上进行微小或者简单的改良，创新成本低且对企业价值贡献相对有限	同黎文靖和郑曼妮（2016）	专利	何雨晴和丁红燕（2021）
扭曲性研发	企业的研发目的产生偏差，旨在获取补贴，或者以研发为手段寻求与地方政府的政治关系的研发活动	研发行为扭曲的企业不会真正将研发的投入转化为新产品进行销售，因此将在当年生存生产新产品没有进行研发行为扭曲的企业	新产品收入	鲍宗客和魏薇（2017）
象征性创新	企业开展但并不期望在产品竞争中应用的创新	企业通过创新活动的可见形式——专利，传达超越其功能用途的社会构建意义。采用申请发明的发明占当年专利申请量的比例来衡量象征性创新。放弃续费表明企业没有预期这些专利会应用于其产品市场，因此其申请动机主要在于获取政府的补贴	专利	江诗松，何文龙，路江涌（2019）

（续表）

名称	界定	概念解释与衡量方式	识别指标	文献
迎合性创新	求"快"不求"好"，求"量"而不求"质"的创新，属于迎合政府政策进而获取政府支持的表现	同黎文靖和郑曼妮（2016）	专利	邢会等（2019）
政策迎合行为	企业为了获取更多的财政补贴和税收优惠，调整自身指标和内部结构，主动迎合高新技术企业的认定条件	针对高新技术企业税收认定政策提出六条识别方法：认定前三年研发投入强度发生突变；认定前一年的销售收入2亿元以上，认定后三年的平均研发投入强度低于认定前三年的平均；认定后期三年到期后不再申报或未能成功申报下一期的；由于研发费用作假用的原因，被取消认定资格	研发投入	韩凤芹和陈亚平（2020）
策略性反应	企业为了能够被政府选中而开展的迎合式创新，这时企业并没有进行真正的创新活动	具体形式包括：主动懈怠，指企业难以实现政策标准，采取不作为的消极态度；业绩造假，主要是指企业采取弄虚作假等行为取得相关资质的行为，包括：将一些本不属于或者没有实际投入使用的支出纳入研发支出；进行低质量或者数量虚增的策略性创新	研发投入	韩凤芹，陈亚平，田辉（2020）

表2-3汇总了同企业策略性行为相关的概念,并列举了其界定、表现与衡量方式以及文献中采用的识别指标。归纳各类文献的概念界定可发现,尽管各类文献对企业策略性行为赋予了不同的名称、给予了不同的界定和衡量方式,但其表述中均体现了企业策略性行为的两个重要特征:其一,企业策略性行为的主要目的是为了从创新激励政策中获取更多利益,包括使原本无法获得政策优惠的企业得到政策支持、提高政策优惠额度以及用较低的成本应对政府监督等;其二,由企业策略性行为产生的创新与企业的常规创新活动或实质性创新不同,相对而言产出时间快、技术含量较低、创新成本低,且往往无法为企业带来技术优势或产生新产品。

需指出的是,上述文献中关于企业策略性行为的产生大多从"迎合政府偏好"的角度来解释,然而这一表述隐含了政府过度追求短期利益且追求创新指标的假定。尽管中国现阶段的确存在地方创新崇拜等问题,但其关键点在于,即使上述政府偏好消失,企业仍可能开展策略性行为。这说明政府偏好只是企业策略性行为的重要影响因素而非根本原因。实际上,企业策略性行为的根本原因在于企业同政府间的信息不对称问题。企业对自身创新情况更为了解,相对于政府处于信息优势,导致创新激励政策中的信息不对称。主要表现在两个方面:一是在申请阶段,政府不了解企业的创新能力;二是在政策执行阶段,政府无法观察企业的真实创新活动。政府只能凭借企业发出的创新信号来了解企业创新情况,使得企业有通过操纵信号为自身牟利的动机,因此可能产生策略性行为。

基于上述分析,可以提出"企业策略性行为"的概念,并借助信息理论的框架对其进行界定,其中"策略性"沿用了已有文献的主流用法,而"行为"则是考虑到企业在追求政策优惠过程中开展的部分活动,可能并不属于真正的创新。尽管策略性行为属于企业的主观性行动,但其存在的前提条件在于政府难以辨别各种创新指标是由策略性行为还是实质性创新产生的,即政府与企业之间存在信息不对称。企业策略性行为界定为:企业通过各种方式向政府发送创新信号,使得政府高估其创新能力或创新活动,从而提高企业在创新激励政策中的预期净收益的行为。其中,企业开展策略性行为的最终目的是提高企业在创新激励政策中的预期净收益,可能的方式包括原本无法获得政策优惠的企业得到政策支持、提高政策优惠额度以及用较低的成本应对政府监督等。企业开展策略性行为的直接目的为"使政府高估企业的创新能力或创新活动"。关于企业采取的行动,已有文献的表述包括"追求创新数量和速度""调整自身指标和内部结构"等,实际均为"通过各种方式向政府发送创新信号"的行为,因此追求专利数量、研发投入等能够使政府高估企业的创新能力或创新活动的信号均可纳入企业策略性行为的框架。

2.3.2 企业策略性行为的催化剂:政府与市场的影响

企业策略性行为的产生是多种因素共同作用的结果。企业同政府之间的信息不对称是企业开展策略性行为的必要条件,而从中国的现实国情来看,政府偏好和政策执行过程以及当前阶段的市场情况均可能推动了企业策略性行为的产生。

从政府角度而言,一方面,地方官员对创新产出数量的偏好可能是导致企业策略性行为的重要因素。自中国迈入转轨经济,大力提倡培养自主创新能力以来,中国地方政府出现了"创新崇拜"和"创新资助竞赛"的现象(余泳泽和张先轸,2015)。很多地区将专利等创新成果数量作为地区目标责任考核的重要评价指标,其数值高低可能直接影响地方排名和官员晋升,官员在其任期内需尽快取得政绩(李茫茫,王红建,严楷,2021;龙小宁和王俊,2015),因此可能对创新产出数量多、周期短的企业给予资源倾斜。企业在申请过程中的创新成果数量越多、研发规模越大,就越容易获得政策支持。另一方面,政策分配的客观情况也可能为企业策略性行为提供了空间。即使政府的目标是激励具有高创新能力的企业,面对数量众多的申请者,政府缺乏足够的能力和人手来衡量其真实创新能力(Aguirre & Beitia,2017;安同良,周绍东,皮建才,2009),只能简单通过研发投入规模和研发产出数量来决定是否给予企业政策优惠,使得企业的策略性申请行为有较高成功率。上述两方面原因使得政府无论从主观意愿还是客观情况都更倾向于对高投入和高产出的企业给予创新政策支持。

从市场角度而言,在中国目前的市场环境下,企业可能有较强的策略性行为动机。一方面,中小企业广泛存在融资难题。由于创新活动存在风险而投资者缺乏充分了解企业研发和经营活动的渠道,企业往往面临创新资金短缺的问题(鞠晓生,2013),因此对政府研发资金的需求较高。加之投资者往往将获得政府政策支持作为企业创新能力和发展潜力的补充信号,获得创新激励政策将有助于企业取得外部融资(朱治理,温军,赵建兵,2016),因此企业有通过各种手段获得政策支持的强烈动机。另一方面,知识和技术存在外溢效应,企业的创新成果溢出将降低企业开展研发活动的收益(Ugur, Churchill, Luong, 2020)。由于中国目前的知识产权体制尚不完善,企业创新成果容易被其他企业学习和模仿,使得创新在很大程度上是一种高风险和难以获利的战略(Young 等,2014)。单纯的实质性创新成果可能难以获利,因此企业通过创新活动谋求其他利益,以平衡不完善的市场机制导致的损失。

2.3.3 企业策略性行为的表现形式

国外有关企业策略性行为的研究大多停留在理论层面,即研究信号操纵的方法与应对措施,但实证方面的证据较为缺乏。以中国为背景的研究则对企业策略性行为较为关注,其原因主要有两个方面:第一,中国长期以来极为重视企业创新能力的培育,公共研发资金体量巨大,一旦出现企业策略性行为,对政策的不利影响相对更加严重;第二,中国的金融体系同发达国家相比仍有差距,企业通过市场或银行筹集创新资金的难度相对更高,对政府资金的需求较为迫切,因此可能有更强动机开展策略性行为。从企业开展策略性行为的表现形式来看,主要有如下两类:

大幅提升专利数量是最常用的发送误导性信号的手段。专利数量常被用于衡量企业创新能力,专利数量多的公司可能被认为是优质企业而得到投资者的青睐(Engel & Keilbach, 2007; Haeussler, Harhoff, Mueller, 2014)。然而处于信息劣势的投资者和政府往往难以判断一项专利的创新水平,这使得企业可以通过大量申请一些成本低、周期短的专利来迅速提升其创新产出数量,而不需要考虑其创新质量高低(Sun & Luo, 2022)。企业专利申请也可能是处于实现政治目标的目的(Liefner, Kroll, Peighambari, 2016)。为了应对政绩考核,中国地方官员更为偏好专利数量较多的企业,这也是企业为了追求专利数量而忽视甚至舍弃质量的一个重要推动因素(申宇,黄昊,赵玲,2018)。大量研究发现中国创新激励政策中存在片面追求创新产出数量的问题(Hall & Harhoff, 2012),并将其称为策略性创新(黎文靖和郑曼妮,2016)、象征性创新(江诗松,何文龙,路江涌,2019)、扭曲性研发(鲍宗客和朱魏巍,2017)或专利泡沫(毛昊,尹志峰,张锦,2018)。

企业的策略性行为还可能表现在创新投入方面。在中国,创新投入是划分科技型企业同普通企业的重要标准之一,也是部分创新激励政策申请的门槛条件。高创新投入往往意味着企业拥有较大的创新规模和较高创新能力,这使得创新投入也时常被作为创新信号。企业策略性行为主要通过虚增创新投入来实现,这一现象在中国的高新技术企业认定政策中最为常见。杨国超和芮萌(2020)的研究表明企业在高新技术企业认定政策的申请阶段存在虚增创新资金投入的现象,且此类企业在获得政策支持后的创新表现也相对较差。Chen 等(2021)则发现部分企业通过将管理费用记为研发费用来提升创新投入,进而达到信号操纵的目的。陈珍珍,何宇,徐长生(2019)则同时考虑了创新资金投入和创新人力投入,发现两类投入在申请阶段均显著增加。杨国超等(2017)则探究了操纵研发投入信号是否有利于企业获得创新激励政策,发现进行此类策略性行为的企业的确获得了更多的政府补贴和税收优惠。

2.3.4 企业策略性行为的影响与应对

企业策略性行为可能导致一系列不良后果,一方面是由于策略性行为往往是一些追求产出数量和速度的创新活动,这与技术进步的"长周期、高投入"的特征相悖,使得创新质量难以提高(毛昊和尹志锋,2016)。通过策略性行为得到的创新成果实际上对企业自身发展帮助不大,导致创新资源的扭曲和浪费。另一方面,企业策略性行为导致政府难以分辨真正具有高创新能力的企业,因此难以将创新激励政策给予最符合政策目标的企业,削弱了政策的激励效果和资金使用效率(孙雅慧和罗守贵,2021)。具体而言,策略性行为的不良后果表现在如下三个方面:

首先,企业策略性行为可能导致企业创新的恶性竞争。当创新不足的企业通过策略性行为对外发送误导性信号后,真正创新型企业的创新资源遭受挤占,使得真正的创新型企业也必须开展策略性行为来显示其创新能力,形成恶性循环。

其次,企业策略性行为导致创新激励政策效果减弱。通过策略性行为获得政策支持的企业,其创新能力较弱,获得政策后的创新投入和创新产出增加量均弱于创新型企业(杨国超和芮萌,2020),甚至可能并不表现出政策效果(Dai & Wang,2019)。

最后,采取策略性行为的企业在融资和生存方面都表现不佳。企业在融资融券过程中创新质量下降(郝项超等,2018),实质性研发企业能够显著降低生存风险,拥有较大的生存溢价,研发行为扭曲的企业则不具有生存溢价效应,其生存寿命反而要低于非研发企业(鲍宗客和朱魏巍,2017)。

2.4 本章小结

关于创新激励政策的研究很多,但其中涉及企业策略性行为的研究尚处于起步阶段。已有研究初步探讨了企业策略性行为的界定、具体表现和负面影响,但还存在较多的空白领域。

首先,关于企业策略性行为的产生原因,大多数文献均将其归根于为了"迎合政府偏好"进而达到多种目的,这是基于对中国企业策略性行为的观察得出的一般规律。但实际上从信息理论的角度而言,一旦企业同政府之间出现创新活动的信息不对称,企业进行信号发送和通过策略性行为操纵创新信号的就可能成为部分企业的最优选择。因此企业策略性行为出现的前提条件和深层原因是信息不对称问题,而政府对创新指标的偏好及其他因素则是企业策略性行为的诱导因素和推动力量。已有研究中仅有安同良,周绍东,皮建才(2009)讨论了信息不对称下企业策略性行为的存在性,其余研究均未涉及这一领域,本书研究的理论模型部分进一步拓展了安同良,周绍东,皮建才(2009)的研究内容,考虑信息不对称下企业策略性行为的存在、影响及应对措施。

其次,已有研究大多仅考虑企业在获得政策支持后的创新活动,而忽视了企业申请政策支持的阶段。中国大部分创新激励政策均为选择性政策,即需要从大量申请者中筛选出符合预定标准的企业给予政策支持。企业为了增大其获得政策支持的概率,往往依据政府筛选标准预先安排其研发计划,这使得创新激励政策在其申请阶段就已经对企业创新活动产生影响,申请阶段也极有可能是策略性行为频繁发生的时期。然而,现有研究往往忽略了企业申请阶段的创新活动变化,使得相关研究存在空白领域。

最后,对企业策略性行为的表现形式、负面影响的讨论不够充分,缺乏针对应对措施的研究。目前针对企业策略性行为的研究较少,已有研究均为基于静态角度的简单分析,且尚未发现对如何缓解企业策略性行为的讨论。本书针对上述已有研究的薄弱环节,一方面从动态角度分析企业研发投入和专利申请授权数在政策申请和授权阶段的逐年变化,另一方面对应政府和市场两大策略性行为推动因素提出两个应对措施:提升政府创新治理能力和加快市场化进程,探究上述两个措施能否在一定程度上约束企业的策略性行为。

3 国内外创新激励政策的实践

3.1 主要发达国家的创新激励政策

（1）美国创新激励政策。

美国对创新和科技发展极为重视,有着丰富的创新激励政策实践经验,按照使用的政策工具可分为如下几类:

补贴类政策。美国对各类创新活动的财政支持规模巨大,其研发预算分为基础研究、应用研究、试验发展和设施装备研究四个部分,在 2010 年的预算总额为 1 475 亿美元,是 1970 年的 10 倍。除财政直接支持外,美国政府还致力于吸纳社会财富用于创新活动投资,并促进工业部门同高校的合作,因此大力兴办科学基金,例如依托财政拨款成立的国家科学基金会(NSF),引导高校开展更多应用型研究、解决产业问题(李炳安,2011)。美国还开展大量的政府创新产品采购,对企业产品进行保护性购买。

税收类政策。美国的税收类创新激励政策主要是研发费用的税收抵免,当企业研发费用较上年增加时,增加部分的 20% 可直接冲抵所得税额;若研发费用超过前几年平均值,超出部分可享受 25% 的所得税抵免。对于委托性研发开支,其费用的 65% 可以直接抵消应纳所得税。对于用于技术和设备更新改造的研发投资,可将其额度的 10% 用于抵免应纳所得税。此类税收优惠政策极大地提高了企业增加创新投入的积极性。此外,美国在 2010 年降低制造业企业的所得税率,并推行了小企业永久性低税率政策,减轻了企业税负,进而鼓励企业开展研发活动(胡羚,邓少慧,李妃养,2021)。

（2）英国创新激励政策。

英国在创新激励政策中进行了大量创新并取得良好效果(李宏 等,2020)。

近年来英国国内创新投入不断增加,其中企业用于研发的资金增长最为迅速。在政府补贴类政策中,2016年英国成立研究与创新署用于专项管理创新资助,其补贴项目分为四个类别。首先,创新署成立技术与创新中心,旨在建立产业界同高校的创新活动纽带,进行技术研究与商业化。其资金由政府、项目和企业各承担三分之一。其次,创新署开展产学研合作项目,旨在推动创新合作。申请方必须有包括一家企业在内的至少两个参与者,其项目内容则应当是面向市场的新产品或服务,并由创新署依据商业化程度决定资助比例。再次,创新署组织创新基金竞赛,并对获胜者进行创新资助。创新基金竞赛分为不同主题,例如颠覆性创新、中小企业早期创新、中小企业后期试验性创新、产业战略、大学商业化创新等。最后,创新署向中小企业提供创新券,用于使用高校和科研院所的仪器设备和创新服务,推动产学界创新资源共享。除此之外,英国还有多种专项基金用于支持重点技术领域发展和推动产学研合作,例如高等教育创新基金、创新投资基金、研究伙伴投资基金、国防创新基金等(党海丽,郭安东,朱星驰,2020;张炜和赵娟,2015)。

英国政府还提供了多项鼓励创新的税收政策,主要包括:投资抵免政策,对创办高新技术企业的法人,可对其投资额的60%免税,规模较小的新创办企业则还可免于征收资本税;研发费用加计扣除政策,即企业的研发费用可在应纳税额中扣除,无需缴纳税金,中小企业则可以按照186%的比例加计扣除;特殊政策,即对于特殊规定的研发和商业行为给予的减税政策,如专利盒制度,即通过实施专利获取的利润只需按照10%的税率缴纳税款。

(3)日本创新激励政策。

日本的创新激励政策则主要借鉴美国并进行了更适合本国国情的调整,主要模仿美国拜杜法案、小企业创新发展和小型企业技术转换项目(董楠楠和钟昌标,2015)。在补贴类政策方面,关注高校和科研院同产业界的结合,推动基础研究转向应用并进行商业化,同时注重鼓励中小企业的研发和创新。例如联邦政府每年都开展中小企业创新资助项目,SBIR(小企业创新研究)项目每年资助金额均在10亿美元以上,由具体产业部门进行对应支持。在税收类政策方面,出台相关法案包括《促进基础技术开发税制》《关于加强中小企业技术基础的税制》等,鼓励企业进行更多研发投资(何跃,2012)。

3.2 中国创新激励政策

3.2.1 中国创新政策的发展历程

改革开放以来,中国创新政策经历了从混乱到有序、从薄弱到成熟的发展历程。在这一过程中,可将中国创新政策发展过程划分为五个阶段:

(1) 酝酿改革阶段(1978—1985 年)。

在改革开放前,政策制定者对科技创新的重视程度相对较低,鼓励创新的政策尚未形成体系且力度较弱。1978 年召开全国科学大会,邓小平提出"科学技术是生产力"的重要论断,将知识分子作为工人阶级的一部分,解决了一直以来束缚中国科技发展的是非问题,打破了思想桎梏,这也标志着中国创新政策的起步。科学大会通过了《1978—1985 年全国科学技术发展规划纲要(草案)》,从此以后科技部门逐步开展合理配置科技资源的政策实践。

(2) 创新政策初步成型阶段(1985—1997 年)。

1985 年发布《中共中央关于科学技术体制改革的决定》,开始进行科技体制改革,其主要目的在于充分发挥科学技术提高生产力、促进经济发展和社会进步的作用。在这一阶段,政府制定了多种创新政策,初步构建起现在创新政策体系的雏形。包括初步建立国家知识产权保护制度,充分保障创新主体的利益;改革科研机构的拨款制度,一方面设立自然科学基金资助基础研究,另一方面通过各类不同的研发补贴政策资助应用型研究,使得科技成果能够依据宏观政策导向,迅速应用于产业。同时,国家重视新兴产业发展,设立多个高新技术产业开发区,并通过高新技术企业认定和配套优惠的政策促进中国新兴产业的快速发展。最后,大力鼓励高校、科研机构同企业之间的协同创新,推动知识和技术的应用型转化。

(3) 国家创新政策和创新体系布局建设阶段(1998—2005 年)。

在这一阶段,国家不断总结创新政策执行过程中的经验和不足,多项创新政策从试验转向正式推进,政策覆盖范围逐步扩大、政策支持力度逐步升级、政策规则逐渐完善,政策效果逐步增强。同时,进一步推进科研机构的市场化转制,鼓励科研机构参与经济建设。中国科学院在 1997 年提交《迎接知识经济时代,建设国家创新体系》的研究报告。中央决定自 1998 年起组织实施"知识创新工程",开启了以国家创新体系布局建设为核心的新一轮科技创新体系改革开放的浪潮。在这一过程中,大量政府机构和产业部门及其下属科研院所开展了转制试点,大多数转型为科技型企业、中介机构、非盈利机构或同高校等合并。同时,国家也采取了一系列鼓励大型企业建立内部研发中心和鼓励中小企业开展研发活动的政策措施,包括设立科技型中小企业创新基金等。

(4) 创新政策进一步成熟阶段(2006—2012 年)。

在国家创新政策完成基本布局之后,为了提升中国的全球竞争力,中国在 2006 年制定了《国家中长期科学和技术发展规划纲要(2006—2020 年)》(以下简称"《纲要》"),提出在 2020 年将中国建设成为创新型国家的发展目标,并部署了后续在基础研究领域及其交叉领域的研究任务。为具体落实《纲要》的一系列科研计划与措施,国家进一步发布了《实施〈国家中长期科学和技术发展规划纲要(2006—2020 年)〉的若干配套政策》,在包括科技资金、税收优惠、金融配套、政府采购、知识产权保护与人才培育等多个领域给予政策支持,并在之后的年份不断更新和细化上述政策措施。

(5) 创新驱动发展、着力提升创新治理能力的阶段(2013 年至今)。

2013 年以来,我国大力实施创新驱动发展战略,强调科技创新是提高社会生产力和综合国力的战略支撑,大力推进国家治理体系和治理能力现代化,政府在创新政策中的角色从管理者向治理者转变,更为重视创新政策对经济长期发展的作用。在这一阶段,国家进一步完善创新政策,先后印发包括《关于深化中央财政科技计划(专项、基金等)管理改革的方案》《促进科技成果转移转化行动方案》《关于大力推进大众创业万众创新若干政策措施的意见》等,一方面从追求创新规模向注重创新质量转变、重视创新成果向经济成果转变,另一方面推进科技创新与双创融通发展,培育创新火种。

3.2.2　中国现行主要创新激励政策概述

本节依据使用政策工具的不同,将中国主要创新激励政策分为直接补贴类政策、税收类政策及其他政策。由于本书使用上海市企业级数据,本节在主要介绍全国范围内的创新激励政策基础上,还将介绍上海市的一些额外创新激励政策。

（1）直接补贴类创新激励政策。

第一，国家政策。

为贯彻落实《国家中长期科学和技术发展规划纲要（2006—2020）》，主要面向国民经济和社会发展需求，重点解决经济社会发展中的重大科技问题，集成全国优势科技资源进行统筹部署，为国民经济和社会发展提供有效支撑，国家设立多项科技计划、专项和资金项目。根据国家科技管理信息系统的公开，国家级政策在"十二五"期间主要包括：

- **"十二五"科技计划、专项和基金**：国家科技重大专项、973计划、863计划、国家重大科学研究计划、国家科技支撑计划、政策引导类科技计划及专项（包括星火计划、火炬计划、科技惠民计划、国家重点新产品计划、国家软科学研究计划）、国际科技合作创新人才推进计划、其他计划及专项（包括农业科技成果转化资金、科技基础性工作专项、重大科学仪器设备开发专项、创新方法工作专项、国家（重点）实验室）[①]。

在"十三五"期间，科技部对上述计划、专项和基金进行整合，形成新五类科技计划（专项、基金等），其既有各自的支持重点和各具特色的管理方式，又彼此互为补充。通过统一的国家科技管理平台，建立跨计划协调机制和评估监管机制，确保五类科技计划（专项、基金等）形成整体，既聚焦重点，又避免交叉重复。主要包括：

- **"十三五"科技计划、专项和基金**：国家科学自然基金、国家科技重大专项（包括13个重大专项）、国家重点研发计划（包括68个重点研发计划）、技术创新引导专项（基金）、基地和人才专项[②]。

其中，国家自然科学基金主要针对基础研究与科学前沿探索，其目标是增强国家在基础科学领域的源头创新能力，并通过鼓励人才培养和团队建设争取向国家的重点发展的技术领域提供高素质人才储备，为其他应用型研究提供创新知识基础。国家科技重大专项主要关注国家重大战略产品和产业化目标，着力解决目前中国面临的技术"卡脖子"问题，提升中国在全球的行业分工地位和产业竞争力。国家重点研发计划则主要面向同社会发展相关的重大社会公益性研

[①] 见国家科技管理信息系统公共服务平台计划专项公示。

[②] 见国家科技管理信息系统公共服务平台"十三五"科技计划体系说明：https://service.most.gov.cn/index/xwljh.html。

究,主要涉及在企业自主创新、产业核心竞争力以及国家安全领域的重大科学研究项目,其目的在于突破国民经济和社会发展主要领域的技术瓶颈。技术创新引导专项(基金)则主要用于解决企业在技术创新不同发展阶段的需求,包括对新兴产业创投基金、科技成果转化引导基金,中小企业发展专项资金中支持科技创新的部分,以及其他引导支持企业技术创新的专项基金(资金)进行分类整合。基地和人才专项则主要用于资助国家各类(重点)实验室、研究中心和平台的建设,鼓励创新人才和优秀团队的培养,鼓励科研活动开展及科技资源的开放和共享。

第二,上海市政策。

上海市的直接补贴类项目主要包括:上海市高新技术成果转化项目专项资金扶持、上海市科技型中小企业技术创新资金、科技创新券、上海市"科技创新行动计划"专项项目资助以及国家重要科技项目与科技重大专项地方配套资金等。①

上海市高新技术成果转化项目专项资金扶持。申请成果转化的项目必须满足:项目的核心技术属于《国家重点支持的高新技术领域》规定的范围;项目的核心技术拥有受中国法律保护的知识产权;项目所形成的产品应有第三方出具的产品质量性能检测报告;项目所形成的产品(服务)属于工商营业执照、事业单位法人证书的经营范围内;项目的总体技术与其他同类产品(服务)相比具有良好的创新性和先进性,并具有潜在的经济效益和较好的市场前景。在认定后,可以申请享受财政专项扶持资金以及有关的人才支持政策。可按照经确认的销售项目自身所产生的直接销售收入的一定比例乘以技术贡献系数、核心技术价值占比,在政策享受有效期内申请最高不超过 500 万元的财政扶持资金。

上海市科技型中小企业技术创新资金计划。对于符合《科技型中小企业评价办法》(国科发政〔2017〕115 号)的有关要求且满足如下条件的科技型中小企业进行资助:在本市注册,具有独立的企业法人资格,财务和管理制度健全,且为非上市企业;主要从事高新技术产品的研究、开发、生产或服务等业务,具有创新能力和高成长潜力,一般无知识产权纠纷;上年度营业收入不超过 3 000 万元,已完成的研发费用总额不低于 50 万元,且研发费用占营业收入比例不低于

---

① 见上海市科学技术委员会网站公示:http://stcsm.sh.gov.cn/。

5%；职工总数不超过 300 人，其中直接从事研究开发的科技人员占比不低于 10%。上海市科委结合实际情况，组织相关领域专家，主要围绕企业创新投入、经营管理、团队实力、技术（产品）创新性、产品市场、发展目标可行性等整体状况进行评审。根据评审将创新资金支持项目分为 A、B 两档，分别给予不超过 20 万元/项、10 万元/项的资助，并由各区政府进行配套资助。

科技创新券。对于符合《科技型中小企业评价办法》的有关要求且注册于上海市的独立法人企业，以及已入驻本市科技企业孵化器、大学科技园或众创空间但尚未在上海市成立企业的创新团队可以申请领取科技创新券。企业和团队可将创新券支付给服务机构用以购买相关专业服务，包括在科技创新过程中所需要的战略规划、技术研发、技术转移、检验检测、人才培养、资源开放等服务。每家企业每年使用创新券的额度不超过 30 万元，每个团队每年使用创新券的额度不超过 10 万元。

上海市"科技创新行动计划"专项项目。为推进实施创新驱动发展战略，加快建设具有全球影响力的科技创新中心，强化战略前沿技术突破，提升关键共性技术竞争力，打造产业高质量发展新动能，上海市对一系列专项研发项目展开资助，包括基础研究、农业科技、高新技术、人工智能、医学、软科学、社会发展科技攻关、科普、国内、国际等多个专项领域。申报项目通过通信评审或见面会评审的方式进行筛选，若通过则可获得包括政府财政资金的定额或非定额资助以及项目所在单位的配套资助。

国家重要科技项目与科技重大专项地方配套资金。对于获得国家补贴资金支持的项目，上海市给予地方配套补贴资金。

第三，直接补贴政策的基本特征。

中国的直接补贴政策可归纳出如下基本特征。首先，除科技创新券等极少数政策直接对符合条件的企业给予资金支持外，绝大多数补贴政策均存在选择过程，即对申请者或申请项目进行创新性、发展潜力或可行性的考察，仅对考察合格的企业给予补贴。其次，大多数补贴政策均对企业或项目的技术领域和方向存在要求，并由领域内专家进行集中考察。最后，不管补贴发放形式是"前补贴"还是"后补贴"形式，各补贴项目均对补贴资金使用进行较强的管控，要求专款专用，且同时对企业或项目的创新进展进行监督。

（2）税收类创新激励政策。

第一，高新技术企业认定政策。

中国现行的高新技术企业认定政策的历史发展进程分为六个阶段：

1988年，国家颁布《关于高技术、新技术企业认定条件和标准的暂行规定》（以下简称"《规定》"），奠定了高新技术企业认定政策的开端。《规定》划定了高新技术范围，初步认定了中国第一批2065家高新技术企业。

1991年，国家发布《国家高新技术产业开发区高新技术企业认定条件和办法》（国发〔1991〕12号），由原国家科委负责进行国家高新技术产业开发区内的高新技术企业认定工作，并在财政、税收、金融、贸易等领域提供了一系列配套优惠政策。

1996年，国家发布《关于国家高新技术开发区外高新技术企业认定工作有关执行规定的通知》（国发〔1996〕018号），将高新技术企业的认定范围扩展到国家高新区外，截至1999年底共认定了17 118家高新技术企业。

2000年，国家印发《国家高新技术产业开发区高新技术企业认定条件和办法》（国发〔2000〕324号），制定了更为严格和明确的高新技术企业认定标准，一方面限定了高新技术范围同《高新技术产品目录》挂钩，另一方面对企业研发经费、研发人员、高新技术产品与技术性收入的比重均提出了更为明确的要求。

2008年，国家对高新技术企业认定政策的目标和认定条件进行了大规模调整，颁布《高新技术企业认定管理办法》（国科发火〔2008〕172号），强调企业创新，进一步细化了对于企业研发经费投入的要求，并将企业自主知识产权尤其是核心专利技术作为评审认定的核心指标。

2016年，国家更新了2008年制定的认定办法，印发《高新技术企业认定管理办法》（国科发火〔2016〕32号）。调整了企业研发经费投入标准，并增加了对于企业创新能力评价方面的要求。

整体来说，2000年之前为高新技术企业认定政策的萌芽阶段，2000年至2008年期间为政策发展和完善阶段，目前现行政策则是在2008年政策基础上建立起来的，并根据科技和经济发展情况进行适度调整。介绍2008年高新技术企业认定政策的具体内容：

- 高新技术企业的范围：在《国家重点支持的高新技术领域》（见附件）内，持续进行研究开发与技术成果转化，形成企业核心自主知识产权，并以此为基础开展经营活动，在中国境内（不包括港、澳、台地区）注册一年以上的居民企业。

- 高新技术企业提出认定申请所必须满足的基本条件（下称"基本认定条件"）：①在中国境内（不含港、澳、台地区）注册的企业，近三年内通过自主研发、受让、受赠、并购等方式，或通过 5 年以上的独占许可方式，对其主要产品（服务）的核心技术拥有自主知识产权；②产品（服务）属于《国家重点支持的高新技术领域》规定的范围；③具有大学专科以上学历的科技人员占企业当年职工总数的 30% 以上，其中研发人员占企业当年职工总数的 10% 以上；④企业为获得科学技术（不包括人文、社会科学）新知识，创造性运用科学技术新知识，或实质性改进技术、产品（服务）而持续进行了研究开发活动，且近三个会计年度的研究开发费用总额占销售收入总额的比例符合如下要求：最近一年销售收入小于 5 000 万元的企业，比例不低于 6%；最近一年销售收入在 5 000 万元至 20 000 万元的企业，比例不低于 4%；最近一年销售收入在 20 000 万元以上的企业，比例不低于 3%。其中，企业在中国境内发生的研究开发费用总额占全部研究开发费用总额的比例不低于 60%。企业注册成立时间不足三年的，按实际经营年限计算；⑤高新技术产品（服务）收入占企业当年总收入的 60% 以上；⑥企业研究开发组织管理水平、科技成果转化能力、自主知识产权数量、销售与总资产成长性等指标符合《高新技术企业认定管理工作指引》（另行制定）的要求。

- 高新技术企业的认定程序：企业首先根据基本认定条件进行自我评价，符合条件的可向认定机构提出认定申请并提交申请材料。认定机构组建专家团队对企业提交材料进行合规性审查，给出认定意见。最后由认定机构根据认定意见对申请者进行认定、公示与备案。

- 高新技术企业资格期限：高新技术企业资格自颁发证书之日起有效期为三年。企业应在期满前三个月内提出复审申请，不提出复审申请或复审不合格的，其高新技术企业资格到期自动失效。复审须提交近三年开展研究开发等技术创新活动的报告。

- 高新技术企业税收优惠政策：高新技术企业资格有效期内可以依照 2008 年 1 月 1 日起实施的新《企业所得税法》及其《实施条例》《中华人民共和国税收征收管理法》及《中华人民共和国税收征收管理法实施细则》等有关规定申请享受减至 15% 的税率征收企业所得税税收优惠政策。

现行高新技术企业认定政策在 2008 年政策基础上进行了修订,主要更新内容包括:①对企业研发费用占销售收入的比例进行了调整;②增加了企业创新能力评价相关内容;③增加了企业每年填报年度发展情况的规定;④增加了对高新技术企业进行监督管理的规定。

第二,企业研发费用税前加计扣除政策。

中国现行研发费用税前加计扣除政策始于 1996 年,发布《关于促进企业技术进步有关财务税收问题的通知》(财工字〔1996〕41 号),首次就研发费用税前加计扣除问题进行了明确。政策适用范围最初仅限于国有、集体工业企业,随后 2003 年和 2006 年国家两次发布文件将加计扣除政策的适用范围扩大到"财务核算制度健全、实行查账征税的内外资企业、科研机构、大专院校等"。政策最初由主管税务机关审核批准,后在 2004 年改为由纳税人自主申报扣除。2008 年《中华人民共和国企业所得税法》及其实施条例的实施,将研发费用加计扣除优惠政策以法律形式予以确认,加计扣除政策逐步系统化和体系化。自 2013 年至今,国家陆续发布一系列政策文件,使得研发费用加计扣除的范围逐渐扩大、申报程序不断简化。

按照现行政策规定,企业因开发新技术、新产品或新工艺而产生的研发费用且尚未形成无形资产计入当期损益的,在按照税法规定在实际发生支出数额的基础上,还可以将研发费用的 50% 进行加计扣除;对于上述费用形成无形资产的,则按照无形资产成本的 150% 摊销。烟草制造业、批发和零售业、住宿和餐饮业、娱乐业、房地产业、租赁和商务服务业不适用于该政策。对于科技型中小企业而言,自 2017 年 1 月 1 日至 2019 年 12 月 31 日,研发费用加计扣除比例由 50% 提高到 75%。

第三,技术先进型服务企业认定政策。

为了充分利用外资优化服务贸易结构,提升高技术、高附加值服务业吸纳外资能力、技术创新和技术服务能力,进而增强我国服务业在全球范围内的综合竞争力,国家发布《关于将技术先进型服务企业所得税政策推广至全国实施的通知》(财税〔2017〕79 号),自 2017 年 1 月 1 日起,在全国范围内实行技术先进型服务企业税收优惠。其主要内容包括:

- 税收优惠内容:对经认定的技术先进型服务企业,按 15% 的税率征收企业所得税;经认定的技术先进型服务企业发生的职工教育经费支出,不超过工资薪金总额 8% 的部分,准予在计算应纳税所得额时扣除;超过部分,准予在以后纳税年度结转扣除。

- 税收优惠的适用范围:技术先进型服务企业由省级相关部门制定认定办法并进行认定管理工作。享受企业所得税优惠政策的技术先进型服务企业必须同时符合以下条件:①在中国境内(不包括港、澳、台地区)注册的法人企业;②从事《技术先进型服务业务认定范围(试行)》中的一种或多种技术先进型服务业务,采用先进技术或具备较强的研发能力;具有大专以上学历的员工占企业职工总数的 50% 以上;从事《技术先进型服务业务认定范围(试行)》中的技术先进型服务业务取得的收入占企业当年总收入的 50% 以上;从事离岸服务外包业务取得的收入不低于企业当年总收入的 35%。

第四,其他税收类政策。

其他以税收优惠为政策工具的创新激励政策包括:软件产品增值税政策,增值税一般纳税人销售其自行开发生产的软件产品,按 17% 税率征收增值税后,对其增值税实际税负超过 3% 的部分实行即征即退政策。技术合同认定登记税收优惠,对于法人、个人和其他组织依法订立的技术开发合同、技术转让合同、技术咨询合同和技术服务合同经认定登记后,可享受国家规定的增值税优惠、企业所得税优惠、企业研发费用加计扣除等税收优惠政策。

(3) 采用其他政策工具的创新激励政策。

其他政策工具包括贷款贴息、人才政策、进出口政策、创新创业空间和孵化器,及企业或项目认定后综合享受包括补贴、税收优惠、人才引进、金融等多维打包政策等。为各地区根据本地特征制定的一些因地制宜的创新激励政策,内容较多,不再一一列举。

3.2.3 企业策略性行为的现实表现

《转型中的中国科研》白皮书中指出,中国在科研投入方面并不存在投入强度弱的问题,也未表现出资金缺少问题(刘珺等,2015)。然而,仍有大量文献和评论指出,巨量研发投入并没有带来同等的创新提升。其原因可能在于经费的分配和使用效率问题,即创新资金并未给予最具有创新潜力的企业、创新资金在分配后没有得到合理利用,因此必须格外关注企业的策略性行为问题。

在实践中时常存在企业利用同政府的信息差开展策略性行为的案例。对于补贴类政策,大多数有关企业策略性行为的报道集中在企业或个人通过夸大创新产品、伪造高端技术等行为上。典型案例如:①企业购买创新产品然后宣称由本企业内部研发。例如一些研发团队或高科技公司从国外购买科技产品,然后宣称拥有自主知识产权,进而凭借此类产品获取科研荣誉和政府研发资金。②企业夸大技术成果,将落后、不经济的技术包装为高端技术。例如"水氢发动机"项目宣称汽车加水就能跑,被称为氢能源汽车项目的重要技术进步,甚至取得地方政府背书。但专家分析则表示其公开的技术并不可行,更进一步的分析则表明该项目技术含量较低,仅使用其他高校授权专利,且理论运行成本远高于现行其他发动机技术[①]。类似的案例还出现在光伏产业、国产操作系统开发、新能源汽车制造等多个领域。③企业根据国家政策开展创新活动,忽视创新价值。一些企业开展创新活动并非出于本企业技术发展的需要,而是由于国家出台资助政策,开展符合政策要求的创新能够为企业带来资金支持。例如许多新能源汽车制造企业下设政策研究部门,其职能包括汽车政策研究、轨道政策研究、政府对接等,以取得政府资金支持为目标,甚至整个企业的生存均依赖政府资金而创新能力薄弱。

关于税收优惠类政策,大多数有关企业策略性行为的报道则集中在企业夸大其创新投入或创新产出方面。例如国家和地方科技部门关于高新技术企业在申请时提供虚假申报材料的通报,所涉及到的具体策略性行为包括:①将非本企业员工列为本企业科研人员,伪造研发人员投入;②委托第三方会计、税务机构出具虚假财务报告,伪造研发经费投入;③编造虚假研发设备租用合同、购买临时设备,伪造研发场地设施;④购买或伪造知识产权,伪造研发产出等。[②] 企业在高新技术企业认定政策中的策略性行为还能够通过中介机构的盛行体现出来,根据某地方政府网上信访(投诉)受理中心对信访信件的公示,中介机构提供的服务包括帮助"不具备任何研发能力或自主知识产权"的公司完成高新技术企

---

① 资料来自百度新闻"所谓的水氢发动机,究竟是不是一个骗局?",https://baijiahao.baidu.com/s?id=1635964752746458575&wfr=spider&for=pc。

② 相关案例如《广州市黄埔区科技局对广州绿蔓等4家企业项目申报资料造假问题的通报》,http://www.ghsia.org/hynews/2019-05-23/289.html;以及高新技术企业认定管理工作网有关撤销高新技术企业资格的公告,见 http://www.innocom.gov.cn/gqrdw/c101318/list_gsgg.shtml。

业认定,其手段则为"违规操作"。[1]

综上所述,中国创新激励政策在一定程度上存在诸如虚增创新投入和产出、夸大技术效果、开展以政策优惠为目的的创新活动等现象。上述案例因存在欺骗和伪造等较为严重的策略性行为而获得广泛关注并得以迅速整改,但仍存在更多表现不够明显的"隐性"策略性行为,若任其发展则可能造成较为严重的不良后果。

3.3　本章小结

本章首先介绍了美国、英国和日本的创新激励政策实践,然后详细回顾了中国创新政策的发展历程,并介绍了中国现行的创新激励政策体系。对比中国同发达国家的政策可发现,尽管中国创新激励政策相对于其他发达国家仍存在起步较晚、投入强度略低、政策制度还有待改进等一系列问题,但在绝对体量和政策工具的使用等方面已经有了长足的进步,已经形成了较为完善的创新政策系统。

本章进一步梳理了我国有关企业策略性行为的案例,发现我国创新激励政策在一定程度上存在诸如虚增创新投入和产出、夸大技术效果、开展以政策优惠为目的的创新活动等现象,可能对政策效果产生不利影响。因此对企业策略性行为的进一步研究是至关重要的。

---

[1]　资料来源:https://qxf.sh.gov.cn/310101/reply.setDetailInit.do? id=25AF1019231F4F1B 8CC54770C784 CABE.

4 理论模型

4.1 基础模型的设定

本章尝试采用信息理论的框架构建模型,讨论创新能力相对较低的企业,通过开展策略性行为获取政策优惠的现象,并考虑开展信号甄别,实施处罚和对企业进行差异化资助两类措施的效果。

(1) 生产活动。

根据产业生命周期理论,一个产业或行业从产生到衰败将经历形成期、成长期、成熟期、衰退期四个阶段(郑飞,2019)。在产业形成期,拥有新产品和新技术的企业开拓市场,称为创新引领者,这些企业具有较高研发能力、能进行颠覆式创新并在市场中创造新的细分领域。在产业成长期,大量创新能力稍弱于创新引领者的企业进入市场。弱研发企业更倾向于模仿和拓展现有技术、开展过程创新(Ciftci, Lev, Radhakrishnan,2011),称为创新追随者。随着产品的普及,市场进入产业成熟期,成本追随者(cost follower)开始进行标准化大批量生产,此时创新引领者和创新追随者们逐渐转移至更为前沿的领域。随着前沿产业的兴起,原有产业被逐渐替代,产业进入衰退期。由于成本追随者往往是在生产技术成熟后通过技术购买的方式进入市场,可能仅进行微小的技术改良甚至不开展研发活动,一般不属于政府研发资助的范围,因此借鉴 Iwaisako 和 Ohki (2019)的做法,考虑一个只存在创新引领者和创新追随者的二元结构。

为了重点关注企业创新行为,模型设定尽量避免对市场竞争及企业上下游关系的过多讨论,并将研发产出作为一种生产要素单独列出,而非将其同制度等其他因素一起归于全要素生产率。令企业的生产函数遵循 Cobb-Douglas(科布

-道格拉斯生产函数)形式：

$$Y_i = A I_{s,i}^h K_i^\alpha L_i^{1-h-\alpha} \tag{4-1}$$

其中，Y_i 代表产量，$I_{s,i}$ 是实质性创新的产出，即专利广度（patent breadth），K_i 和 L_i 分别代表物质资本投入和劳动力投入，A 代表影响企业生产活动的其他因素。下标 $i \in \{L, F\}$ 代表企业类型，其中 L 指创新引领者，F 指创新追随者。上标 h 和 α 满足关系 $0 < h < 1$，$0 < \alpha < 1$ 和 $0 < 1 - h - \alpha < 1$。

在生产活动之外，企业进行以改良生产技术、获得新产品为目标的实质性创新活动，然后将实质性创新产出投入生产环节。创新产出的形成可表示为：

$$I_{s,i} = T_i H_{s,i} \tag{4-2}$$

其中 T_i 代表 i 类型企业的研发能力，$H_{s,i}$ 代表在创新过程中知识资本的投入，其他符号的含义不变。创新引领者的创新嗅觉灵敏、研发能力出众，能够在行业中引领创新方向，我们不失一般性地假设创新引领者的研发能力高于创新追随者，有 $T_L > T_F$。

研发活动所需的知识资本无论是显性知识还是隐性知识，均需要借助高质量人力资本为载体。将物质资本、劳动力和高质量人力资本的要素价格分别用 r、w_l 和 w_h 来表示，则 i 类型企业进行生产活动的成本 C_i 为：

$$C_i = r K_i + w_l L_i + w_h H_{s,i} \tag{4-3}$$

（2）产品市场。

受技术创新壁垒等因素的影响，技术密集型产业的市场结构同完全竞争市场有本质区别（Pindyck & Rubinfeld，1997）。创新引领者掌握突破性技术，最先进入市场，在行业发展初期具有一定垄断地位（黄浩杰和王必好，2014），依据最大化原则选择垄断价格 P_L。创新追随者随后对新产品进行模仿，进行品牌和价格竞争，为了简化分析，认为他们是 Q 个同质化厂商。在价格竞争下，创新追随者的产品价格最终等于边际成本 c，企业只能获得经济利润，而无法取得超额利润。

借鉴 Cassiman，Perez-Castrillo，Veugelers（2002）的做法，令消费者购买一单位 i 型企业产品的效用为 $U_i = \theta I_{s,i} - P_i$，其中 θ 代表消费者对产品创新性的偏好，θ 服从 $(0, 1)$ 上的均匀分布。给定创新引领者和创新追随者的产品价格 $\{P_L, c\}$，如果消费者认为购买两类产品在效用上无差异，则有 $U_L = U_F$，即：

$$\theta^* I_{s,L} - P_L = \theta^* I_{s,F} - c \tag{4-4}$$

化简可得：

$$\theta^* = \frac{P_L - c}{\triangle I_s} \tag{4-5}$$

其中 $\triangle I_s = I_{s,L} - I_{s,F}$。不失一般性地假设 $\theta^* \in (0,1)$，则 $\theta < \theta^*$ 的消费者会购买创新追随者的产品，$\theta > \theta^*$ 的消费者会购买引领者的产品。用 M 表示市场规模，具有垄断地位的引领者面临的市场需求函数为：

$$D_L(P_L) = \left(1 - \frac{P_L - c}{\triangle I_s}\right)M \tag{4-6}$$

创新引领者依据市场需求进行利润最大化决策：

$$\underset{P_L}{Max} \ \pi_L = (P_L - c)\left(1 - \frac{P_L - c}{\triangle I_s}\right)M \tag{4-7}$$

我们可以通过最大化决策得到创新引领者的垄断价格 $P_L = \frac{1}{2}\triangle I_s + c$ 和

垄断利润 $\pi_L = \frac{1}{4}M\triangle I_s$，并获得在此价格下的市场需求 $D_L(P_L) = \frac{1}{2}M$。类似

的，创新追随者面临的市场总需求为 $D_F(c) = \frac{P_L - c}{\triangle I_s}M = \frac{1}{2}M$，因此市场中单

个创新追随者的产量为 $\frac{1}{2Q}M$。

（3）企业研发活动。

第一，无政府资助时的最优研发投入。

企业确定当期产量后，将根据成本最小化原则决定各类生产要素的投入量，进而决定研发活动的规模。i 类型企业的投入决策过程为：

$$\begin{aligned} &\underset{H_{s,i} K_i L_i}{Min} && rK_i + w_l L_i + w_h H_{s,i} \\ &s.t. && A I_{s,i}^h K_i^\alpha L_i^{1-h-\alpha} = Y_i \\ &&& I_{s,i} = T_i H_{s,i} \end{aligned} \tag{4-8}$$

最优化问题的一阶条件为：

$$r = \alpha A T_i^h H_{s,i}^h K_i^{\alpha-1} L_i^{1-h-\alpha}$$
$$w_l = (1-\alpha-h) A T_i^h H_{s,i}^h K_i^\alpha L_i^{-h-\alpha}$$
$$w_h = hA T_i^h H_{s,i}^{h-1} K_i^\alpha L_i^{-h-\alpha} \tag{4-9}$$

将一阶条件两两作比，然后结合约束条件，可得无政府干预时 i 类型企业的

最优研发投入和研发产出:

$$H_{s,i}^{*} = Y_i T_i^{-h} N \tag{4-10}$$

$$I_{s,i}^{*} = Y_i T_i^{1-h} N \tag{4-11}$$

其中 $N = A^{-1} \left(\dfrac{r}{\alpha}\right)^{\alpha} \left(\dfrac{w_l}{1-\alpha-h}\right)^{1-\alpha-h} \left(\dfrac{w_h}{h}\right)^{h-1}$。无政府干预时创新引领者及追随者的研发规模主要由市场需求及企业创新能力决定。当企业的产品需求较高时,企业更倾向于通过改良生产技术、提高生产率来获得更大的规模优势、降低单位成本。

进一步考虑创新能力对企业研发活动的影响,将上式对 T 求导:

$$\frac{\partial H_{s,i}^{*}}{\partial T_i} = -h Y_i T_i^{-(h+1)} N \tag{4-12}$$

$$\frac{\partial I_{s,i}^{*}}{\partial T_i} = (1-h) Y_i T_i^{-h} N \tag{4-13}$$

此时有 $\dfrac{\partial H_{s,i}^{*}}{\partial T_i} < 0$,$\dfrac{\partial I_{s,i}^{*}}{\partial T_i} > 0$,可以发现企业创新能力同时从投入和产出两个维度影响企业研发活动,这一结论同 Iwaisako 和 Ohki(2019)的研究是一致的。高创新能力意味着较高的研发资源利用效率,企业为实现同等创新目标所耗费的资源更少,使得企业能够将有限的资源重新分配到其他项目中去。此外,高创新能力提高了单位知识资本的创新产出率,使得企业能够取得更为丰富的研发成果。表 4-1 对比了创新引领者及创新追随者的研发活动,可发现一单位创新引领者的产品需要更少的高质量人力资本投入,却蕴藏更高的创新含量,也印证了上述判断。

表 4-1 创新引领者与创新追随者研发活动对比

	研发投入	创新产出	单位产品 人力资本投入	单位产品 创新含量
创新引领者	$H_{s,L}^{*} = \dfrac{1}{2} M T_L^{-h} N$	$I_{s,L}^{*} = \dfrac{1}{2} M T_L^{1-h} N$	$\dfrac{H_{s,L}^{*}}{Y_L} = T_L^{-h} N$	$\dfrac{I_{s,L}^{*}}{Y_L} = T_L^{1-h} N$
创新追随者	$H_{s,F}^{*} = \dfrac{1}{2Q} M T_F^{-h} N$	$I_{s,F}^{*} = \dfrac{1}{2Q} M T_F^{1-h} N$	$\dfrac{H_{s,F}^{*}}{Y_F} = T_F^{-h} N$	$\dfrac{I_{s,F}^{*}}{Y_F} = T_F^{1-h} N$

第二,政府资助下的研发活动。

尽管政府资助可能采取多种形式,但不论是基于研发补贴的直接政府资助还是以高新技术企业认定政策为代表的基于税收优惠的间接政府资助,其本质都是通过分担研发成本来鼓励创新。因此,借鉴 Iwaisako 和 Ohki(2019)的做法,假设企业的研发开支有 s 份额由公共财政承担,余下$(1-s)$份额由企业承担,将政府对创新引领者和创新追随者的资助份额分别记为 s_L 和 s_F,$0 \leqslant s_i \leqslant 1$。在研发资助存在的情况下,$i$ 类型企业的最优化决策更新为以下形式:

$$
\begin{aligned}
&\underset{H_{s,i} K_i L_i}{Min} && r K_i + w_l L_i + (1-s_i) w_h H_{s,i} \\
&s.t. && A I_{s,i}^h K_i^a L_i^{1-h-a} = Y_i \\
& && I_{s,i} = T_i H_{s,i}
\end{aligned}
\tag{4-14}
$$

求解该最优化问题,可得有 s_i 比例资助时企业最优创新投入及产出:

$$
H_{s,i}^*(s_i) = (1-s_i)^{h-1} Y_i T_i^{-h} N \tag{4-15}
$$

$$
I_{s,i}^*(s_i) = (1-s_i)^{h-1} Y_i T_i^{1-h} N \tag{4-16}
$$

探究政府资助比例的边际影响,对上式求导:

$$
\frac{\partial H_{s,i}^*(s_i)}{\partial s_i} = (1-h)(1-s_i)^{h-2} Y_i T_i^{-h} N \tag{4-17}
$$

$$
\frac{\partial I_{s,i}^*(s_i)}{\partial s_i} = (1-h)(1-s_i)^{h-2} Y_i T_i^{1-h} N \tag{4-18}
$$

有 $\frac{\partial H_{s,i}^*(s_i)}{\partial s_i} > 0$,$\frac{\partial I_{s,i}^*(s_i)}{\partial s_i} > 0$。显然,政府资助的确能够对研发活动发挥激励作用,受资助企业将扩大其研发规模,增加研发投入,并取得更多研发成果。Liu,Li,Li(2016)、Hu & Deng(2018)、朱平芳和徐伟民(2003)与其他研究者基于中国背景的实证研究均得出了同样的结论。政府资助分担了创新活动的研发成本和风险,企业单位研发支出的期望收益扩大,从而有更强的意愿开展创新活动(Lee & Cin,2010)。

进一步地,比较政府资助在不同类型企业上的作用效果,将上述两式做比较,有:

$$
\frac{\partial I_{s,L}^*(s)}{\partial s_L} \bigg/ \frac{\partial I_{s,F}^*(s)}{\partial s_F} = \frac{Y_L}{Y_F} \left(\frac{T_L}{T_F}\right)^{1-h} \tag{4-19}
$$

显然该比值大于1,这意味着在资助比例相同的情况下,对创新引领者的资助效果要好于创新追随者。这是由于创新领先的企业往往具有良好的研发氛围和高效的内部管理机制,使得研发人员和资金投入能够充分发挥其效能,而不是在繁杂的内部流程中被消耗。同时,创新领先企业也有更为丰富的研发经验,能够准确预估研发项目的可行性和难点,进而降低研发失败的风险(West & Iansiti,2003)。创新能力也具有重要的中介作用,即通过降低研发成本和风险、吸引风险投资、提高资金使用效率、提升研发动力、鼓励企业间竞争等多种途径间接为创新活动提供支持(陈艳和范炳全,2013)。由此看来,政府的最优选择是对创新引领者进行资助,我们首先考虑一个政府掌握全部信息的理想状态,然后再对更符合现实情况的不完全信息状态进行讨论。

4.2 完全信息和不完全信息下的创新激励政策

(1) 完全信息。

在信息完全的情况下,政府能够准确分辨企业类型,并给予创新引领者和创新追随者不同的资助比例。给定企业研发决策,政府的资助目标是选择最优的资助方案 (s_L^*, s_F^*),使全部企业创新产出的总和最大化。令全部细分市场中创新引领者的比例为 δ,创新追随者的比例为 $(1-\delta)$,则社会实质性创新产出为:

$$TI_s(s_L, s_F) = \delta I_{s,L}(s_L) + (1-\delta) I_{s,F}(s_F) \tag{4-20}$$

令研发资助的预算为 B,并不失一般性地假设该预算不能完全覆盖创新引领者或创新追随者的全部研发投入,即 $B < \delta w_h H_{s,L}^*$,且 $B < (1-\delta) w_h H_{s,F}^*$。政府的最优化问题即为在预算约束下的社会创新产出最大化问题:

$$
\begin{aligned}
\underset{s_L, s_F}{Max} \quad & \delta I_{s,L}^*(s_L) + (1-\delta) I_{s,F}^*(s_F) \\
s.t. \quad & \delta s_L w_h H_{s,L}^*(s_L) + (1-\delta) s_F w_h H_{s,F}^*(s_F) \leqslant B \\
& 0 \leqslant s_L \leqslant 1, 0 \leqslant s_F \leqslant 1
\end{aligned}
\tag{4-21}
$$

显然,由于企业创新产出为政府资助比例的增函数,预算约束应当束紧。不同的 (s_F, s_L) 组合构成了多条社会创新产出无差异曲线,政府面临的创新产出最大化问题可转化为寻找最高创新产出无差异曲线同预算约束线交集的问题(见图 4-1)。计算无差异曲线上 s_L 对 s_F 的一阶导数和二阶导数,有:

$$\frac{d\,s_L}{d\,s_F} = -\frac{\partial\,TI_s(s_L,s_F)}{\partial\,s_F}\bigg/\frac{\partial\,TI_s(s_L,s_F)}{\partial\,s_L}$$

$$= -\frac{\delta}{(1-\delta)Q}\frac{(1-s_F)^{h-2}}{(1-s_L)^{h-2}}\left(\frac{T_F}{T_L}\right)^{1-h}$$

(4-22)

$$\frac{d^2\,s_L}{d\,s_F{}^2} = \frac{d}{d\,s_F}\left(\frac{d\,s_L}{d\,s_F}\right)$$

$$= -\frac{\delta(2-h)}{(1-\delta)Q}\frac{(1-s_F)^{h-3}}{(1-s_L)^{h-2}}\left(\frac{T_F}{T_L}\right)^{1-h}$$

(4-23)

由于 $\frac{d^2\,s_L}{d\,s_F{}^2}<0$，无差异曲线不是凹函数，则无法通过寻找无差异曲线同预算约束线切点的方式获得最优解。$\frac{d\,s_L}{d\,s_F}<0$ 意味着无差异曲线单调递减，因此最优解应当为角点解，即 $(s_L^*,0)$，其中 s_L^* 满足 $\delta s_L^* w_h H_{s,L}^*(s_L^*)=B$，即将预算全部用来资助创新引领者所得的最大资助比例。

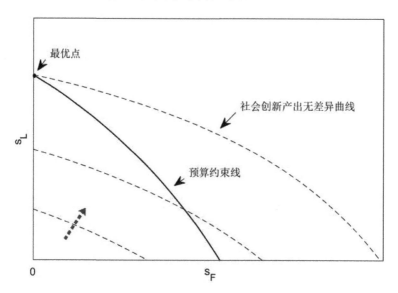

图 4-1　完全信息下的政府资助决策

完全信息下的结论同式(14-19)吻合，在理想状况下，政府的最优方案是将全部预算都用于资助创新引领者。创新引领者能够更高效地利用研发资源，资助创新引领者符合社会效益最大化的要求。尽管世界各国均有一系列知识产权保护措施来维护研发者的创新成果，但创新的公共品属性使得知识溢出难以避免,对创新引领者的资助能够纠正知识溢出的外部效应,鼓励引领者扩大研发规模,故而能够获得最大化的社会收益,催生突破性创新。此外,对创新引领者的资助也存在示范效应,可以鼓励创新追随者努力提升自身创新能力,迈入引领者行列,营造积极创新的社会氛围。

(2)不完全信息。

在现实中,政府无法准确得知企业的创新地位,若仍维持完全信息下的资助方案,创新追随者可能会对外散播误导性信号,例如人为地将创新产出调节至同创新引领者相当的水平,使政府认为他们是创新引领者而进行资助。Chari,Golosov,Tsyvinski(2012)模拟了这一过程,发现只要委托人通过观察市场信号来判断创新质量,代理人就有操纵市场信号的动机,而专利是各类市场信号中最便于操纵的。借鉴黎文婧和郑曼妮(2016)的研究,假设创新追随者可以采取追求创新产出数量、生产低成本专利的策略性行为,用 $I_{d,i}$ 表示,有

$$I_{d,i} = n\, T_F\, H_{d,F} \tag{4-24}$$

其中 $H_{d,F}$ 为企业为增加创新数量而投入的知识资本,n 为低成本创新乘数,不妨假设 $n > 1$,这样在同样创新投入下,低成本专利的产出更高。

由于创新追随者开展策略性行为的目的是粉饰其创新能力而非改良技术,低成本专利尽管具有创新投入低的优势,但其间蕴含的创新水平也较低,因此假设低成本专利无法对企业的生产活动产生促进作用,但会增加企业的总成本。设定企业生产函数和成本函数为:

$$Y_F = A\, I_{s,F}^h\, K_F^\alpha\, L_F^{1-h-\alpha} \tag{4-25}$$

$$C_F = r\, K_F + w_l\, L_F + w_h\, H_{s,F} + w_h H_{d,F} \tag{4-26}$$

低成本创新活动将进行到刚好能够让政府认为它是创新引领者为止,即:

$$I_{s,F} + I_{d,F} = I_{s,L} \tag{4-27}$$

由于此时创新追随者的创新产出总量同创新引领者相同,处于信息劣势的政府将认为该企业也是创新引领者,并根据创新引领者的研发投入对企业进行资助,即:

$$S_L = s_L\, w_h\, H_{s,L} \tag{4-28}$$

创新追随者的要素成本和产品价格都未发生改变,因此企业实质性创新和生产活动的投入产出不发生变化,是否开展策略性行为取决于提升创新产出数量的成本和政府资助规模的相对大小,即:

$$s_L \, w_h \, H_{s,L} > w_h H_{d,F} \tag{4-29}$$

根据式(4-11)、式(4-24)和式(4-27)有 $n \, T_F \, H_{d,F} = \frac{1}{2} M \, T_L^{1-h} N - \frac{1}{2Q} M$ $T_F^{1-h} N$,由此可得创新追随者用于提升创新产出数量的投入:

$$H_{d,F} = \frac{1}{2n} MN \left(\frac{T_L^{1-h}}{T_F} - \frac{1}{Q} \, T_F^{-h} \right) \tag{4-30}$$

则式(4-29)可转化为 $s_L w_h \frac{1}{2} MN \, T_L^{-h} \geq w_h \frac{1}{2n} MN \left(\frac{T_L^{1-h}}{T_F} - \frac{1}{Q} \, T_F^{-h} \right)$,化简得出创新追随者采取策略性行为的条件:

$$s_L \geq \frac{1}{n} \left[\frac{T_L}{T_F} - \frac{1}{Q} \left(\frac{T_L}{T_F} \right)^h \right] \tag{4-31}$$

由此可见,当政府对创新引领者的资助比例高于既定临界点时,创新追随者进行策略性行为就是有利可图的,而低成本创新活动的产出提高、两类企业的创新能力差距缩小、两类企业规模相近均会鼓励企业策略性行为。

在策略性行为存在的情况下,政府可能会陷入"研发资助陷阱",即预算开支不断攀升,社会创新水平的提升却远小于预期。因此,政府有必要采取措施阻止策略性行为,接下来我们将讨论两种应对方案:信号甄别和差异化资助。

4.3　企业策略性行为的对策

4.3.1　信号甄别

尽管有关企业策略性行为及其应对措施的学术研究起步较晚,相关的政策实践却已在世界各国广泛开展。最普遍的做法是通过信号甄别(screening)来辨别企业的真实类型,即政府在选择过程和资助过程中加入甄别程序,对企业的创新活动进行评估,据此判断企业是否是真正的创新引领者。从中国的实践来看,信号甄别伴随了从企业申请资助到研发活动完成的整个过程并表现出良好的效果,Luo 等(2020)的研究表明不论在何种法律环境、市场环境下,政府的选择性补贴都是行之有效的。另一方面,信号甄别对研发的积极影响还表现在市场融资领域,顺利通过政府甄别的企业往往被市场认为是优质研发企业,更容易获得风险投资者的青睐(朱治理,温军,赵建兵,2016)。从机制上看,信号甄别能够降低创新追随者通过开展策略性行为获得政府资助的成功率,减少策略性行为的期望收益,在研发成本不变的前提下,策略性行为的净收益降低,追求专利数量的策略不再符合追随者企业利润最大化的要求(Takalo & Tanayama, 2010)。

假设政府有 τ 的概率正确识别出企业创新信号的真伪,并对被识破的创新追随者处以 e 的罚款,令 $0 < \tau < 1, e \geq 0$。创新追随者追求专利数量的成本和收益都将发生变化,其开展策略性行为的条件变为:

$$(1-\tau) s_L \, w_h \, H_{s,L} > w_h H_{d,F} + \tau e \tag{4-32}$$

结合式(4-11)和式(4-32)有 $(1-\tau) s_L \, w_h \, \dfrac{1}{2} MN \, T_L^{-h} \geq w_h$

$\dfrac{1}{2n} MN \left(\dfrac{T_L^{1-h}}{T_F} - \dfrac{1}{Q} T_F^{-h} \right) + \tau e$,化简得:

$$s_L \geq \dfrac{1}{n(1-\tau)} \left(\dfrac{T_L}{T_F} - \dfrac{1}{Q} \left(\dfrac{T_l}{T_F} \right)^h \right) + \dfrac{2\tau e}{w_h MN(1-\tau)} \tag{4-33}$$

显然,甄别过程提高了创新追随者的开展策略性行为临界点,甄别精度 τ 降低了策略性行为的期望收益,处罚 e 则提高了平均成本,因此只有当政府资助比例足够高时,企业追求专利数量、开展无实质用途的低成本创新才是有利可图的。

虽然甄别过程能够减少企业策略性行为,我们仍需指出三个问题:首先,信号甄别仅能提高策略性行为产生的临界点,而不能完全消除。在给定资助比例下,总有一部分创新能力相对更接近引领者的追随企业有动机开展策略性行为。其次,信号甄别有效与否强烈依赖于甄别精度 τ 的高低,较低的甄别精度难以对企业形成有效约束。最后,信号甄别存在公共资源消耗问题。假设政府审查单个企业的投入为 c_τ,则净成本可表示为 $c_\tau - (1-\delta)\tau e$。对政府而言,了解企业的研发活动并判定其价值需要投入大量人力并耗费时间,虽然政府能够通过处罚伪装者来分担一部分成本,但仍不能完全抵消财政负担。因此信号甄别往往需要一个强有力的政府,并可能导致研发资助出现时滞。

4.3.2 差异化资助

通过严格审查和处罚构建具有鲜明强政府特色的"硬约束"系统往往存在执行困难、福利损失较大的隐患,事实上,市场的方式往往能够以比行政力量更小的代价达成目标。激励相容理论表明,处于信息劣势的一方可以通过给予信息租金或补偿性激励的方式向信息优势方让渡一部分收益,当补偿性激励带给优势方的效用不小于背离合约带来的效用时,信息优势方便没有动机违背合约(Bolton et al.,2005)。激励相容理论最常应用于市场主体之间的合约设计。若将公共政策视为政府同企业之间的合约,激励相容理论也可应用于政策机制的设计,如 Wiesmeth(2018)讨论了在环境政策中通过激励相容机制达到利益主体的平衡,Zhang 等(2011)讨论了中国经济适用房政策等。在中国类似的创新政策实践也已经开展,如 2018 年后各省市对科技型小微企业发放的科技创新券,在缓解初创企业和小型企业研发活动的融资难问题的同时,也作为一种补偿性激励,避免了小型企业为了获取资金扎堆申请补贴,甚至编造其现有能力无法实现的假大空项目的现象。

将补偿性激励通过差异化资助的方式引入模型中,令政府对引领者和追随者的资助比例为 (s_L^*, s_F^*),创新追随者若显示其真实身份,将得到比例为 s_F^* 的资助,而通过追求创新数量伪装成创新引领者,将得到比例为 s_L^* 的资助,并产生伪装成本。政府需选择一个恰当的资助比例 s_F^*,在满足激励相容条件的情况下使社会创新产出最大化:

$$\underset{s_L, s_F}{Max} \quad \delta I_{s,L}^*(s_L) + (1-\delta) I_{s,F}^*(s_F)$$

$$s.t. \quad \delta s_L w_h H_{s,L}^*(s_L) + (1-\delta) s_F w_h H_{s,F}^*(s_F) \leqslant B \qquad (4\text{-}34)$$

$$s_F w_h H_{s,F} \geqslant s_L w_h H_{s,L} - w_h H_{d,F}$$

$$0 \leqslant s_L \leqslant 1, 0 \leqslant s_F \leqslant 1$$

首先考虑激励相容条件 $s_F w_h H_{s,F} \geqslant s_L w_h H_{s,L} - w_h H_{d,F}$,结合式(4-11)和式(4-32)得 $s_F w_h w_h \frac{1}{2Q} M N T_F^{-h} \geqslant s_L w_h w_h \frac{1}{2} M N T_L^{-h} - w_h \frac{1}{2n} M N \left(\frac{T_L^{1-h}}{T_F} - \frac{1}{Q} T_F^{-h} \right)$,化简得:

$$s_F \geqslant Q \left(s_L - \frac{1}{n} \frac{T_L}{T_F} \right) \left(\frac{T_L}{T_F} \right)^{-h} + \frac{1}{n} \qquad (4\text{-}35)$$

即当创新追随者获得的资助比例满足上式时,进行伪装的净收益就小于显露真实类型的资助收益,因此最优化问题转化为图 4-2 所示。政府的最优资助组合为:

$$\begin{cases} (s_L^*,0) & ,if\ s_L^* \leqslant \dfrac{1}{n}\dfrac{T_L}{T_F} \\[3mm] \left(s_L^*,Q\left(s_L^* - \dfrac{1}{n}\dfrac{T_L}{T_F}\right)\left(\dfrac{T_L}{T_F}\right)^{-h} + \dfrac{1}{n}\right) & ,if\ s_L^* > \dfrac{1}{n}\dfrac{T_L}{T_F} \end{cases} \tag{4-36}$$

其中 s_L^* 是能使预算约束取等的创新引领者资助比例。

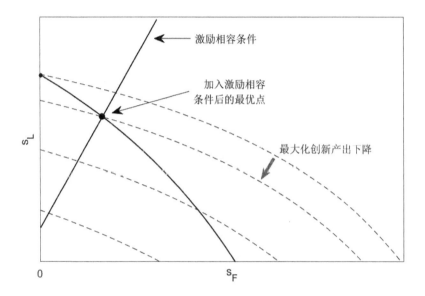

图 4-2　不完全信息下的政府资助决策

在差异化资助方案下,创新追随者的最优选择变为显露其真实类型并获取对应资助,其策略性行为得到纠正。对创新追随者的研发资助实质上是处于信息劣势的政府对优势方的信息补偿,随着 s_L^* 的增大,创新追随者通过追求专利数量能够获得更高收益,政府为了避免策略性行为所需付出的信息补偿 s_F^* 也就相应提高,即创新引领者和创新追随者对应的研发资助比例 s_L^* 和 s_F^* 之间存在正向相关性。当然,激励相容条件的加入缩小了最优化问题的可行域,使得在完全信息下的最优点被排斥在可行域之外,因此不完全信息下能够实现的最大化创新产出要小于完全信息下的产出。

4.3.3　信号甄别同差异化资助的比较分析

对于信号甄别和差异化资助两种应对措施,我们可以分析其减少企业策略性行为的效果,并同两个极端状况——完全信息和不采取任何措施进行比较。表 4-2 列出了四种状态下创新追随者占据公共研发资源的情况。

表 4-2 创新追随者的研发资源分布

状态	获取研发资助总量	策略性行为所得	实质性创新所得
完全信息	0	—	—
不完全信息			
无措施	$B_{F1} = (1-\delta)B$	是	—
信号甄别	$B_{F2} = \dfrac{(1-\tau)(1-\delta)}{(1-\tau)(1-\delta)+\delta}B$	是	—
差异化资助 $B_{F3} = \dfrac{(1-\delta)s_F^* H_{s,F}(s_F^*)}{(1-\delta)s_F^* H_{s,F}(s_F^*)+\delta s_L^* H_{s,L}(s_L^*)}B$		—	是

注:研发资助总量一列均汇报当预算 B 足够大,使得 s_L^* 超出相应临界点的情况。当 s_L^* 未达到临界点时,创新追随者没有追求专利数量的激励,研发资助总量应当为 0。

显然,从上表中有 $0 < B_{F2} < B_{F1}$,$0 < B_{F3} < B_{F1}$,即同不采取任何措施相比,无论是信号甄别还是差异化资助均能够有效减少创新追随者占据的研发资助比例,但无法使这一比例回归理想状态。信号甄别政策降低了策略性行为的期望收益,差异化资助政策则增大了策略性行为的机会成本,然而在两种政策之间的选择仍需进一步探究。对 B_{F2} 和 B_{F3} 做进一步化简,可得:

$$B_{F2} = \frac{1}{(1-\delta) + \dfrac{1}{(1-\tau)}\delta}(1-\delta)B \tag{4-37}$$

$$B_{F3} = \frac{1}{(1-\delta) + \dfrac{s_L^* H_{s,L}(s_L^*)}{s_F^* H_{s,F}(s_F^*)}\delta}(1-\delta)B \tag{4-38}$$

给定预算总额 B,$\dfrac{s_L^* H_{s,L}(s_L^*)}{s_F^* H_{s,F}(s_F^*)}$ 为一个确定数值,则 B_{F2} 和 B_{F3} 的关系实际取决于甄别精度 τ 的高低。如果政府无法高效地识别企业真实身份,将有 $B_{F2} > B_{F3}$,此时差异化资助能够比信号甄别更有效地减少创新引领者占据的财政预算。

另一方面,预算分配更合理并不必然导致高创新产出。差异化资助方案能够完全消除企业策略性行为,其研发资助将会鼓励创新追随者的实质性创新活动,而信号甄别方案则仅能推迟企业策略性行为出现的节点,对企业实质性创新活动并无促进作用。从社会实质性创新产出最大化的角度而言,只有当甄别精度极高,使得 B_{F2} 远小于 B_{F3} 时,信号甄别方案的社会实质性创新产出才高于差异化资助政策,然而甄别精度的提升意味着更高的甄别成本,这将导致额外的财政压力和人员需求。考虑到信号甄别方案在高甄别精度和额外财政支出上的矛盾,差异化资助可能更具稳定性和可行性。

图 4-3 汇总了四类情况在占有的研发资助金额(子图 a、b)、政府对实质性创新的资助比例(子图 c、d)、实质性创新产出和低成本创新产出(子图 e、f、g)三个方面的影响。假设政府无法投入大量人力和财力用于提高甄别精度,在完全信息的理想状态下,政府能够准确将公共预算投放至高质量创新活动中并取得大量产出;在不完全信息情况下,创新追随者总能凭借其信息优势取得部分资源,即使政府采取了信号甄别或差异化资助的措施,也仅能减少分配至创新追随者的资金量,而无法回到理想状态。从资金的性质来看,差异化资助是政府主动向创新追随者出让部分资源,作为其不开展策略性行为的补偿,而信号甄别则是未被识破的创新追随者通过伪装创新数量获取了研发资金。因此差异化资助虽未达到理想状态下的资金配置,但也有效地推动了创新追随者的实质性研发活动(子图 f),而信号甄别则仅仅推迟了创新追随者的策略性行为临界点(子图 g),而未对创新追随者的决策造成根本性改变。

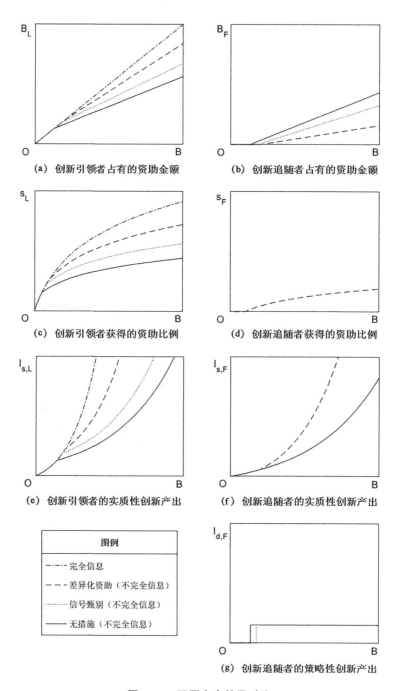

（a）创新引领者占有的资助金额　　　（b）创新追随者占有的资助金额

（c）创新引领者获得的资助比例　　　（d）创新追随者获得的资助比例

（e）创新引领者的实质性创新产出　　　（f）创新追随者的实质性创新产出

图例

—·— 完全信息

---- 差异化资助（不完全信息）

······ 信号甄别（不完全信息）

—— 无措施（不完全信息）

（g）创新追随者的策略性创新产出

图 4-3　不同方案效果对比

4.4　本章小结

政府对企业的研发资助不仅面临事后的道德风险问题,企业申请资助时的逆向选择现象也广泛存在。在信息不对称的情况下,即使创新能力低下的企业也可通过追求创新产出数量对外释放高创新能力的信号,进而占据公共资源。本章探讨了企业开展策略性行为的条件,并比较了两种政府应对措施——信号甄别和差异化资助的作用效果。

理论模型表明,当政府资助比例高于特定临界点时,创新能力相对较低的企业也可以通过追求创新产出数量的策略性行为谋取创新资助,这一现象将对政府资助效果带来负面影响。在两种应对措施中,政府对企业创新信号进行甄别能够提高策略性行为产生的临界点、促使公共研发资金流向创新能力上游的企业,但无法彻底消除此类现象,为创新能力不同的企业提供差异化的资助方案、向创新能力相对较低的企业让渡部分研发资金的措施则打破了策略性行为的产生条件,能够鼓励创新能力不足的企业开展实质性创新活动,但须将一部分公共研发资金提供给创新能力中下游企业。两类应对措施均有其优势和不足,需根据具体参数确定对策的选择,比较而言,当政府的甄别精度不足时,差异化资助可能是更好的选择。

5 实证数据与初步的统计分析

5.1　数据来源

为跟踪上海市企业的科技发展状况与研发活动开展情况，为政府科技政策的制定和实施提供数据支持和效果反馈，上海市科学技术委员会自 2008 年起开展对上海市科技企业的年度抽样调查。这一抽样调查的范围涵盖了注册于上海市区及周边区县、产业园区的全部科技企业以及已获得科技创新政策支持的科技小巨人（含培育）企业、高新技术企业、技术先进型服务企业、高新技术成果转化项目认定企业、创新资金项目承担企业、科技孵化器内企业等。其中，科技企业的界定依据《上海市科技企业界定参考标准》（沪科〔2015〕70 号），指在上海注册的具有独立法人资格，同时符合以下五项条件中任何三项条件的企业：①企业主要从事技术开发、技术转让、技术咨询、技术服务、技术检测，或高新技术产品（服务）的研发、生产、经营等科技与创新活动；②企业直接从事研究开发的科技人员占职工总数的比例不低于 5%；③企业技术性收入和高新技术产品（服务）的销售收入之和占企业销售总收入的比例不低于 30%；④企业年度研究开发费用占销售收入总额的比例不低于 3%；⑤企业拥有专利权、著作权、集成电路布图设计权、植物新品种权等知识产权，或掌握专有技术。

抽样调查内容包括企业资产、债务、收入、税收等财务信息；企业员工数、员工学历、职级等人员信息；企业研发投资额、研发人员数、专利申请数、专利授权数、政府补贴额度、是否高新企业等十分丰富的研发活动信息；企业所有制类型、四位行业代码、经营地址、经营领域等其他信息。该调查由政府部门主导、企业自愿填写，调查结果仅用于政府信息统计而非创新激励政策的评选与审核，企业不存在提供虚假信息或隐瞒信息的动机,因此较大程度的避免了数据失真和样本代表性偏差。

本书选择该上海市科技企业抽样调查数据的原因在于:首先,该抽样调查的目的在于全面衡量上海市科技企业研发活动状况,因此构建了极为详尽的指标体系,能够充分支撑本研究的实证设计,且避免了通过数据抓取、跨库匹配等方法获得数据所导致的潜在误差。其次,中小型企业在一国经济中占比最高,本抽样调查数据较好地反映了这一企业规模的分布,而同类研究使用的上市公司数据库、工业企业数据库则多由规模较大、成立年限较长的企业样本构成,难以反映政策对中小企业的影响,这使得该数据具有独特的优势。最后,相当部分的创新激励政策是由地方政府负责执行的,尽管国家对于创新政策的选择标准和执行过程制定了较为详细的规范,但地方政府仍具有较高的自由裁量权,这使得创新激励政策存在地区异质性,使用单个城市数据能有效避免因政策认定的区域性差异导致的偏差。上海市科技企业集中、创新政策实践丰富,是创新政策研究的优质对象。

基于上述原因,研究中使用 2008—2017 年上海市科技企业抽样调查数据,在剔除具有逻辑错误和缺失关键信息的样本后,剩余样本 135 334 个。

5.2 统计分析

(1) 样本特征。

下文通过各年样本数量、企业规模、获得创新激励政策认定和补贴政策情况、样本行业分布、样本所有制分布和区县分布六个维度来描述上海市科技企业数据库的样本特征。

图 5-1 展示了数据样本在年份间的分布情况,除 2008 年样本量少于 1 万家之外,其余各年份样本数均超过 1 万家,其中 2012 年样本数量最多,包括约 1.8万家企业。

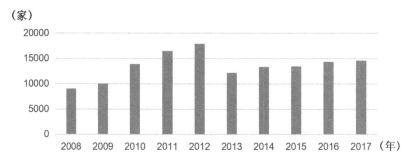

图 5-1　样本年份分布

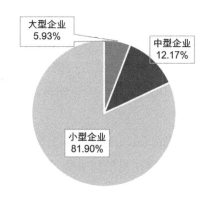

图 5-2　企业规模分布

图 5-2 展示了企业规模分布情况,借鉴栾强和罗守贵(2018)使用同一数据库的企业规模划分方法,结合《关于印发中小企业划型标准规定的通知》(工信部联企业〔2011〕300 号)规定的企业规模划分标准,把 300 人及以上的企业划分为大型企业,100 人以下的企业划分为小微企业,上述两者之间为中型企业。在样本内小型企业占比最高,为 81.90%;中型企业和大型企业分别占比 12.17% 和5.93%,符合经济学中企业规模的倒金字塔特征。

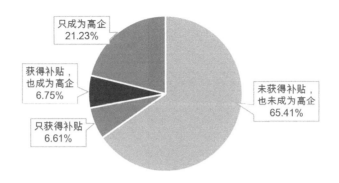

图 5‑3　企业获创新激励政策情况

　　图 5‑3 展示了企业获得创新激励政策的情况。数据库中仅统计了补贴和高新技术企业认定政策的情况,其中获得创新激励政策的样本数量占比约为34.59%,补贴政策覆盖的企业数量略少于高新技术企业认定政策覆盖的企业数。

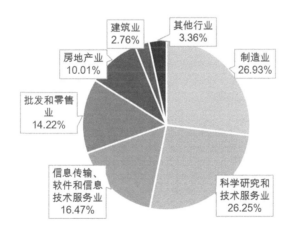

图 5‑4　样本行业分布

　　图 5‑4 展示了样本的行业分布,可看出科技企业分布最多的前三大行业分别为制造业、科学研究和技术服务业以及信息传输、软件和信息技术服务业,前三大行业内样本占据样本总量的 69.65%。

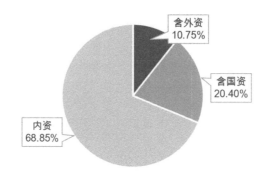

图 5 - 5 样本所有制情况

图 5 - 5 展示了样本的所有制情况,其中含外资与含国资的企业样本分别占比 10.75% 与 20.40%,而含内资样本占比最多,为 68.85%。

图 5 - 6 展示了样本在上海市内各区县的分布,其中浦东新区和闵行区为上海市高科技企业最为集中的地区,样本数量占比分别为 17.70% 与 11.41%。样本数量占比最低的地区则为崇明区,比例仅为 1.72%。上述样本地域分布状况同上海市科技企业真实分布状况一致。

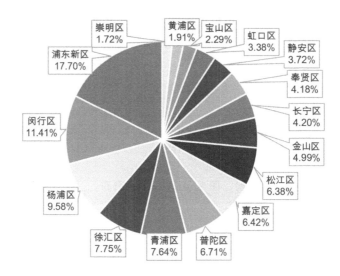

图 5 - 6 样本区县分布

（2）关键指标的描述性统计。

表5-1为样本中关键指标的描述性统计量。不仅汇报了对全样本的描述性统计，还汇报了获得两类主流创新激励政策：补贴政策和高新技术企业认定政策的企业的描述性统计量。

第一，创新投入指标。

从指标绝对值方面来看，补贴企业的研发资金和人员投入约为全样本的2倍，高新技术企业则约为全样本的2.5倍。说明补贴企业和高新技术企业在研发规模方面均远大于其他科技企业。然而，若考虑创新投入相对指标，补贴企业在研发投入增长率、研发强度与科技人员比例上均明显高于全样本，但高新技术企业的研发投入增长率与研发强度却远低于全样本。这说明高新技术企业研发资金投入规模虽然较大，但其研发强度仍较低、研发活动的成长性较差。

第二，创新产出指标。

补贴企业和高新技术企业的专利申请和授权数均在全样本的2倍左右，然而若对比两类企业的专利结构，则发现高新技术企业在非发明专利的申请和授权数方面较为突出，而发明专利相对于补贴企业则无显著增加。从比例上来看，高新技术企业非发明专利同发明专利的比值同全样本企业无太大差别，而获补贴企业的比值则远低于全样本，这或许说明获补贴企业取得了更多高技术含量的创新成果。

第三，其他指标。

补贴企业和高新技术企业的企业规模和盈利能力均高于平均水平，其中高新技术企业的盈利能力远高于补贴企业。同时，高新技术企业成立时间均较久，而补贴企业的成立时间则同全样本无明显区别。

表5-1　描述性统计

指标	全样本		获补贴样本		高企样本	
	均值	标准差	均值	标准差	均值	标准差
研发投入（千元）	2 885.54	7 727.21	6 021.58	11 287.50	7 966.16	11 817.83
研发投入增长率	0.78	3.17	0.90	3.10	0.43	2.02
研发强度	0.34	1.23	0.49	1.43	0.18	0.57
科技人员数	20.69	41.63	40.16	57.96	52.36	60.97

（续表）

指标	全样本		获补贴样本		高企样本	
	均值	标准差	均值	标准差	均值	标准差
科技人员占比	0.36	0.31	0.50	0.26	0.43	0.25
专利申请数	2.05	4.79	4.44	6.92	4.87	6.82
发明专利申请数	0.78	2.20	1.98	3.43	1.83	3.26
非发明专利申请数	1.16	3.06	2.15	4.01	2.74	4.40
非发明/发明（申请）	1.48		1.09		1.50	
专利授权数	1.39	3.59	2.88	4.94	3.49	5.28
发明专利授权数	0.29	1.00	0.73	1.53	0.74	1.55
非发明专利数授权数	1.00	2.87	1.89	3.77	2.48	4.25
非发明/发明（授权）	3.45		2.61		3.35	
拥有发明专利数	3.12	38.49	10.81	88.59	8.54	66.06
总资产（千元）	58 611	176 113	109 135	254 540	162 280	274 716
负债（千元）	27 239	86 829	47 863	118 155	73 981	135 814
资产利润率	—0.22	9.05	—0.13	7.23	0.04	0.37
主营业务收入（千元）	43 838	129 449	73 400	169 903	119 913	200 917
技术性收入（千元）	25 187	81 374	39 155	103 547	68 015	127 002
出口收入（千元）	741.99	4 277.25	1 112.72	5 221.04	1 984.35	6 853.72
国际创新合作	0.04	0.20	0.05	0.22	0.03	0.18
企业年龄	8.21	5.89	8.89	6.56	11.67	6.19
样本量	135 334		18 084		37 867	

5.3　本章小结

本书的研究使用 2008—2017 年上海市科技企业数据，同其他主流数据库相比，该数据有指标详尽、大中小型企业比例同经济中真实的企业比例接近的优势。对上述数据的统计指标分析结果表明，获补贴企业和高新技术企业的创新规模、创新产出数量及经营效果均高于科技企业平均水平，然而从创新规模扩大与创新质量提升情况来看，补贴企业要远高于平均水平，而高新技术企业则创新规模增速低于平均水平、创新质量接近平均水平。

6 企业策略性行为的识别

6.1 模型与变量

6.1.1 模型构建

创新激励政策若发挥鼓励企业开展创新活动、提高企业创新水平的作用,则企业在获得政策激励后会有研发投入规模扩大、专利产出数量增加、专利质量提升的效果。然而,企业也有可能为了应对政府的监督和审核而刻意调整其创新投入和产出数量,开展一些低成本而高产出的创新活动,而此类创新往往价值较低。因此有必要考虑企业在获得创新激励政策后究竟是进行了实质性创新,还是开展策略性行为。

另一方面,需要考虑创新激励政策的申请过程。中国的创新激励政策常常在国际学术研究中被称为"picking the winners",即"择优"的激励政策,这是由于中国地方官员在选择企业给予政策支持的过程中,往往希望筛选出创新能力较强的企业,企业的研发投入和专利数量则是其重要选择依据。企业出于提高获得政策可能性的目的,往往在申请阶段有针对性地安排其创新活动,着力提升创新投入与专利产出数量。因此,有必要考虑企业在申请阶段的创新投入产出数量的增加是否是真正的创新规模扩大、是否开展了实质性创新活动,还是仅仅为了获取政策申请优势而开展的策略性行为。

通过上述分析可知,企业自身出于最大化其创新收益的目的,可能在申请阶段和获得政策优惠阶段采取夸大创新投入和创新产出的策略性行为。在信息不对称的假设下,政府极有可能无法将策略性行为从真正的创新行为中识别出来,这将导致创新激励政策效果受到削弱。基于上述考虑,选择两类最为主流的创新激励政策——补贴政策和高新技术企业认定政策,分别对其申请阶段和政策实施阶段进行实证分析,讨论企业在两个阶段的创新投入和创新产出表现。构建个体与时间双固定效应的面板数据模型:

$$Innovation_{it} = \beta_0 + \beta_1\, Prepare_{it} + \beta_2\, Control_{it} + \sum_t Year_t + \gamma_i + \varepsilon_{it} \qquad (6\text{-}1)$$

$$Innovation_{it} = \beta_0 + \beta_1\, Incentive_{it} + \beta_2\, Control_{it} + \sum_t Year_t + \gamma_i + \varepsilon_{it} \qquad (6\text{-}2)$$

其中,被解释变量 $Innovation_{it}$ 为企业创新投入与创新产出指标;主要解释变量分别为企业是否处于创新激励政策申请阶段的虚拟变量 $Prepare_{it}$ 和企业是否处于创新激励政策执行阶段的虚拟变量 $Incentive_{it}$;$Control_{it}$ 为一系列可能对企业创新活动产生影响的控制变量;还控制了时间和个体双固定效应,$Year_t$ 为不随个体变化的年份虚拟变量,γ_i 为不随时间变化的个体变量;ε_{it} 为随机干扰项。

对上述变量的具体指标选择、计算方法及选择依据将在 6.1.2 节进行详细介绍。

6.1.2　变量选择

（1）被解释变量。

企业创新活动的衡量指标从资金投入、人员投入和创新产出三个方面选择,同时考虑绝对值指标和强度指标,并关注创新产出类别。具体指标选择包括:

第一,创新资金投入。创新活动前期往往需要进行大量资金投入,研发资金投入是衡量企业创新规模的最直接方式。使用企业内部当年研发投资额衡量创新资金投入,同时考虑企业是否存在短时间大幅扩张研发规模的情况,考虑研发投资增速。

第二,创新人员投入。创新活动是将一系列显性和隐性知识结合起来形成新知识的过程。高素质的研发人员作为显隐性知识的载体,是最为重要的创新投入要素。使用企业内部从事科技活动人员数衡量创新人员投入,并计算科技活动人员数占企业年末从业人员比例作为创新人员投入的相对指标。

第三,创新产出。创新产出是对资源投入和资源使用效率的最终体现,其中专利作为创新产出的最常用形式,最常被用于衡量创新产出。专利申请数和授权数反映创新产出能力各有优势。由于专利授予需要经过较长的审核期,也存在更多不稳定性和不确定因素,且专利技术极有可能在等待授权期间便已投入使用,因此使用专利申请数衡量创新产出能够避免审核期的影响,直接反映企业当前创新活动的最新成果。然而,专利申请数量无法对创新产出进行质量把控,获得授权的专利筛除了过于微小的和重复的创新产出,能够以较为一致的标准对企业创新产出进行筛查,因此使用专利授权数衡量创新产出能够避免微小和重复产出对结果产生的影响。基于上述考虑,将同时汇报企业在专利申请和专利授权方面的表现。

第四,创新产出类别。在中国,专利可分为发明专利、实用新型专利和外观设计专利三类,其中后两类被统称为非发明专利。表 6-1 对比了三类专利的界定、审查流程、授权周期等信息,可发现相比之下,获取发明专利所需的研发资源投入更高、审核周期更长、成功率更低,但其蕴含的技术水平和创新性要远远高于非发明专利。

表 6-1 三类专利对比

名称	概念界定	审查	授权周期	专利期限
发明专利	对产品、方法或者其改进所提出的新的技术方案	初步审查 实质审查	1—2 年	20 年
实用新型专利	对产品的形状、构造或者其结合所提出的适于实用的新的技术方案	初步审查	7—8 个月	10 年
外观设计专利	对产品的形状、图案或者其结合以及色彩与形状、图案的结合所作出的富有美感并适于工业应用的新设计	初步审查	7—8 个月	10 年

开展策略性行为的企业可能更为偏好申请非发明专利,因为他们希望在同样投入下增加专利数量,而对专利的价值不作要求。因此,进一步将专利区分为

发明专利和非发明专利并构造"专利比"指标以衡量创新产出质量[①]。专利比指标通过下列公式计算：

$$专利比＝非发明专利数/发明专利数$$

其中非发明专利数为企业获得的实用新型专利与外观设计专利数量之和。专利比越大，企业产出的非发明专利相对数量越多，单位专利数中蕴含的技术水平就相对越低。

（2）主要解释变量计算及内生性处理。

实证模型的主要解释变量包括企业是否处于申请阶段和政策执行阶段的虚拟变量，其具体识别方法为：

第一，申请阶段虚拟变量。

企业是否处于申请阶段的虚拟变量通过自行识别得出，考虑到存在政策申请失败的情况，需要对申请成功与申请失败的企业进行分别讨论。对于通过政府选择过程的企业，数据中可直接观察到企业获得了政策优惠，因此将获得政策优惠的前一年作为申请阶段[②]，令虚拟变量的值取 1。对于参与政策申请过程但失败的企业，尽管后续未获得政策优惠，但其申请阶段的创新活动仍然可能发生变化，因此也需要加以考虑。由于申请失败的企业后续不获得政策优惠，无法从数据中直接观测，因此通过逐年倾向得分匹配（propensity score matching，PSM）对其进行识别。

考虑到处于申请阶段的企业往往具有一些类似的创新和经济特征，如进行大量的研发资金和人员投入等，可将此类特征作为 PSM 匹配的协变量。将上述能够直接确定处于申请阶段的企业作为处理组，其他未获得政策支持的企业则作为控制组，通过一对四最邻近匹配方法进行匹配（Abadie 等，2004）。同时，对处于共同支撑域内的企业进行匹配，并要求匹配后结果通过平衡性检验。将控制组中成功匹配的企业认为是处于申请阶段的企业，虚拟变量的值取 1，其余未

---

① 已有文献提供了更多衡量创新产出质量的方式，例如专利引用数、专利更新、经济价值等，但由于数据限制，难以获取有关企业专利的详细信息，只能依靠专利类型进行粗略的分类。区分专利类型的主要目的是说明开展策略性行为的企业更为偏好投入较低、授权更快的非发明专利，因此上述对专利质量的衡量不会对文章主要结论产生过度影响。

② 对于补贴政策而言，不同项目可能在资助对象和出资方式上存在差异，但由于数据库仅汇报每年企业获得补贴金额，不包含补贴种类和出资方式，难以进行更为精确的划分。考虑到目前有关补贴政策的研究均极少区分政策细分类型，因此借鉴通常的方法，将企业获得补贴的年份统一作为政策生效的时期，进而认为企业获得补贴的前一年为申请阶段。

匹配成功的企业则认为是不进行政策申请的企业。

模型中使用的协变量包括研发投入强度、研发支出增长率、人均研发开支、硕士及以上学历人数占比、发明专利存量、产业链开放度和是否获得另一种创新激励政策支持。为了保证匹配方法的稳健性,进一步更换匹配细节设定,具体包括:①变更处理组样本,将获得政策优惠的前两年作为处理组;②变更匹配方法,使用核匹配和半径匹配。匹配结果与平衡性检验结果将在第 6.2 节和第 6.3 节的实证结果章节进行汇报。

第二,政策执行阶段虚拟变量。

企业是否处于政策执行阶段可直接观察,当企业获得政策优惠时虚拟变量的值取 1,反之取 0。

政府在决定是否给予企业政策支持时,除了对企业所在行业、企业自身经营状况的考虑外,企业自身的创新能力是重要的衡量标准之一,这会导致选择偏误。固定效应能够解决部分选择问题(Klette & Møen,2012),同时,在控制变量中加入企业已拥有的发明专利数,作为创新能力的衡量,但模型仍可能存在潜在的内生性,需要通过工具变量法解决。

工具变量取自行业层面和区域层面。在行业层面,借鉴 Fisman 和 Svensson(2007)的研究,使用本行业平均获得该政策支持的企业占比作为工具变量,并在实际使用时将其滞后一期。若上一年的行业平均政策支持率较高,说明本行业可能是较为受政府关注或政策支持倾斜的行业,该行业的企业可能更容易获得政策支持,因此工具变量同政策虚拟变量存在相关性。然而行业平均政策支持率反映行业情况,由于创新活动的风险和收益不确定性均较高,该数值应当同单个企业在后续年份的具体创新投入产出情况不存在较大联系,因此工具变量同扰动项的关联不大①。

---

① 关于工具变量的选择:创新政策的工具变量选择是一个由来已久的难题。已有文献中使用的工具变量包括创新政策变量滞后一期和其他地区的创新政策(吕明洁,陈松,楼永,2013)、本地区的行业均值(Fisman & Svensson,2007;李建军和张书瑶,2018;童锦治,刘诗源,林志帆,2018;郑飞 等,2021)、以超额管理费用衡量的企业寻租行为(孔昭君和张宇萌,2020)、地方财政收入和财政赤字(孔东民和李天赏,2014)、地方科技投资和 GDP(刘子諐,周江华,李纪珍,2019)等。在实际操作中,由于本书的样本绝大部分为非上市企业,企业信息难以获取,而区域财政类指标存在同解释变量相关性过弱等一系列问题,行业均值指标可能是较优的选择。此外,本书通过将行业均值滞后一期来增强外生性,并增加了一个区域层面工具变量。为保证结论的稳健,还使用 PSM-DID(倾向得分匹配+差分法)模型的结果同工具变量法结果进行对照,并进行了其他几项稳健性检验,上述多种方法的回归结果均保持一致,因此实证分析结果应当具有一定的参考价值。

在区域层面,主要考虑企业所在区域对科教文化创新活动的支持力度,使用企业所在区县当年中小学生均教师数作为工具变量,即当年中小学专职教师数量同中小学学生人数比值。当比值较高可能代表所在地区对科学教育活动投入较大,因此位于该地区的企业获得创新激励政策优惠的可能性较高,工具变量同政策虚拟变量存在相关性。另一方面,由于上海市拥有高效的道路交通网络和便捷的公共交通体系,人员流动性较高,各区在基础教育方面的投入差异可能很难直接对本区企业能够获得的科技人员素质高低产生影响,因此工具变量同扰动项的关联不大。

(3) 控制变量。

本节模型中使用的控制变量包括:

第一,发明专利存量。企业创新能力是影响企业研发投入决策与创新产出数量和质量的重要因素。发明专利由于具有较高申请难度和较高技术含量,是企业创新能力的集中体现。由于无法直接对企业创新能力进行观察,选择企业拥有的发明专利存量作为创新能力的代理变量。

第二,研发资金投入和研发人员投入。创新成果的取得往往需要大量人力、物力和财力投入,研发投入规模是企业创新产出的最重要影响因素。因此当被解释变量为创新产出时,必须考虑研发投入的影响。使用当年企业内部研发投资额衡量研发资金投入,使用企业当年从事科技活动人员数衡量研发人员投入。

第三,总资产。企业规模是企业开展创新活动的重要影响因素。规模较大的企业可能研发资金更为充裕、人员储备丰富、内外部联系网络完备,故而有能力组织大型创新活动。使用总资产衡量企业规模。

第四,国际创新合作。在复杂的创新环境下,单一企业难以依靠自身独立完成整个创新过程,企业需要通过共生机制获取与自身能力互补的异质性资源,进而迅速取得市场优势(Baldwin & Hippel,2011)。企业对合作伙伴的选择往往基于优势互补的原则,国外的合作伙伴能够给企业带来对方国家的创新资源,这一优势是本国合作者所不具备的(Miotti & Sachwald,2003)。因此在模型中加入企业是否具有国外创新合作伙伴的虚拟变量。

第五,企业年龄。企业创新可能受其所处生命周期阶段的影响,初创企业、发展期企业和成熟期企业对创新活动的偏好与侧重点均存在差异(董晓芳和袁燕,2014)。因此在模型中加入企业年龄来控制企业的不同发展阶段对创新活动的影响。

6.2 补贴政策下企业创新活动

进一步考虑补贴政策和高新技术企业认定政策的政策激励效果,本节汇报补贴政策的实证分析结果,高新技术企业认定政策的实证分析结果将在第6.3节进行汇报。

6.2.1 申请阶段

将获得补贴前1年的样本认为处于补贴政策的申请阶段,考虑到申请失败的情况,还需要通过PSM(倾向得分)匹配方法识别进行申请但未获得补贴的企业。将上述取得补贴的企业样本作为处理组,未取得补贴的企业样本作为控制组,进行一对四最邻近匹配,匹配成功的控制组样本可被认为进行了申请,匹配失败的控制组样本可被认为没有进行申请。为了证明匹配成功的处理组和控制组样本具有相同特征,进行平衡性检验,结果汇报于表6-2,从检验结果中可见处理组和控制组在各个协变量上的偏误不超过5%,说明两组样本特征较为接近,T检验结果表明在各个协变量上所有协变量均不拒绝"处理组同控制组无系统差异"的原假设,因此两组样本通过平衡性检验。进一步更换PSM匹配方法和处理组年限进行了稳健性检验,其平衡性检验结果均未产生较大变化,因此不再重复汇报。表6-3汇报了通过几种方法识别申请阶段企业的指标名称、识别方法及基本统计量。六种方法中,最少将2.33%的样本认为处于补贴政策申请阶段,最多将24.44%的样本认为处于补贴政策申请阶段。

表 6-2 平衡性检验

指标	处理组均值	控制组均值	偏误(%)	T检验	P值
研发投入强度	0.38364	0.34648	3.5	0.81	0.420
研发支出增长率	1.24920	1.11440	3.3	0.79	0.427
人均研发开支	51.77000	49.59900	3.1	0.70	0.485
硕士及以上学历人数占比	0.11433	0.11327	0.7	0.16	0.870
发明专利存量	0.04717	0.04299	2.9	0.73	0.466
产业链开放度	0.09226	0.08022	4.3	1.06	0.287
是否获得高企政策支持	0.45685	0.46378	−1.4	−0.34	0.736

表 6‐3　补贴政策申请阶段指标统计描述

指标	识别方法	均值	标准差
presub_nearest1	获得补贴前 1 年为申请阶段，PSM 最邻近匹配	0.064364	0.245401
presub_nearest2	获得补贴前 2 年为申请阶段，PSM 最邻近匹配	0.090124	0.28636
presub_kernal	获得补贴前 1 年为申请阶段，PSM 核匹配	0.244365	0.429712
presub_radius	获得补贴前 1 年为申请阶段，PSM 半径匹配	0.244156	0.429588

进一步使用上述变量对模型 6‐1 进行固定效应回归,表 6‐4 汇报了以研发投入指标为被解释变量的回归结果。结果表明,处于补贴政策申请阶段的企业其研发投资规模、研发投资增速、研发人员数及研发人员在全体从业人员中的占比均高于其他企业。从数值上来看,处于补贴政策申请阶段企业的研发投资额较其他阶段科技企业的平均水平高 16.5%,研发人员数量较其他阶段企业平均水平高 5.64%。这说明企业在补贴政策申请阶段存在较大的研发经费和人员投入,创新规模高于其他阶段,这可能表明企业内部正在开展大规模创新活动。从相对指标来看,研发投资增速在申请阶段比其他阶段平均水平高 39.50%,研发人员比例也高出 1.24%,这说明企业的大规模资金投入极有可能是在申请阶段产生的,而非在各个阶段均保持较高的研发投资额。产生这一现象的原因存在两种可能性,其一是政府补贴将给予具有较高创新性的研发项目,企业在申请阶段进行研发项目的立项、可行性分析与前期投资,为后续申请做准备;其二是企业研发投资迅速增加可能是为了对外发送创新规模信号的策略性行为,而非真正开展了实质性研发活动。具体情况仍需根据企业的创新产出及政策执行阶段情况进行判断。

表 6-4　企业在补贴政策申请阶段的创新投入情况

变量	(1) 研发投资额	(2) 研发投资增速	(3) 研发人员数	(4) 研发人员占比
申请阶段	0.165 ***	0.395 ***	0.0564 ***	0.0124 ***
(presub_nearest1)	(0.0223)	(0.0705)	(0.00908)	(0.00267)
发明专利存量	0.183 ***	−0.00855	0.104 ***	0.00595 ***
	(0.0233)	(0.0392)	(0.0102)	(0.00221)
总资产	0.285 ***	0.139 ***	0.111 ***	−0.00105
	(0.0155)	(0.0508)	(0.00652)	(0.00169)
产业链开放度	0.413 ***	0.0905	0.127 ***	0.0304 ***
	(0.0615)	(0.150)	(0.0254)	(0.00654)
企业年龄	0.267 ***	−0.0807 ***	0.0490 ***	0.0117 ***
	(0.00809)	(0.0131)	(0.00272)	(0.000707)
时间异质性	Yes	Yes	Yes	Yes
个体异质性	Yes	Yes	Yes	Yes
常数项	−0.472 ***	0.227	0.357 ***	0.247 ***
	(0.130)	(0.464)	(0.0567)	(0.0142)
观测值	83 427	33 412	83 412	83 666
R 方	0.137	0.00574	0.139	0.0525

注：*** 分别表示在 1% 水平上显著，括号中为聚类稳健标准误。

表 6-5 进一步汇报了以其他几种方式识别申请阶段指标的回归结果，其中子表 1 同表 6-4 使用指标一致。为了便于比较，仅列出了主要解释变量的回归结果，将控制变量及常数项的结果隐去（后续汇总表格均进行相同处理）。各指标的回归结果基本一致，说明上述补贴政策申请阶段的识别方法在不同的年份设定和匹配方法选择上是较为一致的。

表 6-5　企业在补贴政策申请阶段的进一步创新投入情况

变量	(1) 研发投资额	(2) 研发投资增速	(3) 研发人员数	(4) 研发人员占比
子表 1:获得补贴前 1 年为申请阶段,PSM 最邻近匹配				
申请阶段	0.165 ***	0.395 ***	0.0564 ***	0.0124 ***
(presub_nearest1)	(0.0223)	(0.0705)	(0.00908)	(0.00267)
观测值	83 427	33 412	83 412	83 666
R 方	0.137	0.00574	0.139	0.0525
子表 2:获得补贴前 2 年为申请阶段,PSM 最邻近匹配				
申请阶段	0.204 ***	0.290 ***	0.0611 ***	0.0109 ***
(presub_nearest2)	(0.0203)	(0.0611)	(0.00829)	(0.00243)
观测值	83 427	33 412	83 412	83 666
R 方	0.137	0.00604	0.140	0.0522
子表 3:获得补贴前 1 年为申请阶段,PSM 核匹配				
申请阶段	0.0609 ***	0.0560	0.0450 ***	0.0118 ***
(presub_kernal)	(0.0176)	(0.0553)	(0.00693)	(0.00201)
观测值	83 427	33 412	83 412	83 666
R 方	0.136	0.00578	0.147	0.0473
子表 4:获得补贴前 1 年为申请阶段,PSM 半径匹配				
申请阶段	0.0581 ***	−0.0231	0.0449 ***	0.0116 ***
(presub_radius)	(0.0176)	(0.0620)	(0.00693)	(0.00200)
观测值	83 427	33 412	83 412	83 666
R 方	0.136	0.00710	0.147	0.0474

注:*** 分别表示在 1%水平上显著,括号中为聚类稳健标准误。

表 6-6 汇报了以研发投入指标为被解释变量的回归结果。结果显示,企业在补贴政策的申请阶段无论发明专利还是非发明专利数量均略有降低,但非发明专利数量降低程度更大。非发明专利与发明专利的比值也降低,说明虽然企业在申请阶段的创新产出数量略有减少,但创新产出质量和单位价值出现较大提升。表 6-7 进一步汇报了以其他几种方式识别申请阶段指标的回归结果,各指标的回归结果基本一致。

表6-6 企业在补贴政策申请阶段的创新产出情况

变量	(1) 专利申请数	(2) 发明专利申请数	(3) 非发明专利申请数	(4) 专利授权数	(5) 发明专利授权数	(6) 非发明专利授权数	(7) 非发明/发明
申请阶段	−0.0472 ***	−0.0196 **	−0.0432 ***	−0.0308 ***	−0.00942 *	−0.0309 ***	−0.777 ***
(presub_nearest1)	(0.00999)	(0.00764)	(0.00921)	(0.00962)	(0.00564)	(0.00935)	(0.269)
发明专利存量	0.147 ***	0.162 ***	0.0205 *	0.238 ***	0.276 ***	0.0353 ***	−1.332 ***
	(0.0117)	(0.00952)	(0.0111)	(0.0116)	(0.00835)	(0.0114)	(0.332)
研发投资额	0.0360 ***	0.0164 ***	0.0245 ***	0.0220 ***	0.00378 ***	0.0183 ***	0.400 ***
	(0.00196)	(0.00133)	(0.00170)	(0.00172)	(0.000875)	(0.00166)	(0.0428)
研发人员数	0.0658 ***	0.0336 ***	0.0482 ***	0.0529 ***	0.00732 ***	0.0514 ***	0.529 ***
	(0.00501)	(0.00327)	(0.00460)	(0.00453)	(0.00219)	(0.00446)	(0.127)
总资产	0.0167 ***	0.0102 ***	0.0138 ***	0.0177 ***	0.00225	0.0182 ***	0.227 ***
	(0.00334)	(0.00238)	(0.00306)	(0.00303)	(0.00152)	(0.00306)	(0.0773)
产业链开放度	0.0846 ***	0.0732 ***	0.0359 *	0.0970 ***	0.0392 ***	0.0726 ***	0.394
	(0.0232)	(0.0189)	(0.0207)	(0.0224)	(0.0127)	(0.0221)	(0.525)
企业年龄	−0.0113 ***	−0.0122 ***	−0.000429	−0.0117 ***	−0.0069	−0.0050	0.0748 *
	(0.00181)	(0.00150)	(0.00164)	(0.00163)	(0.000973)	(0.00159)	(0.0453)
时间异质性	Yes	Yes	Yes	Yes	Yes	Yes	Yes
个体异质性	Yes	Yes	Yes	Yes	Yes	Yes	Yes

（续表）

变量	(1) 专利申请数	(2) 发明专利 申请数	(3) 非发明专利 申请数	(4) 专利授权数	(5) 发明专利 授权数	(6) 非发明专利 授权数	(7) 非发明/发明
常数项	0.0915***	0.0604***	0.00466	0.0292	0.0352**	−0.0234	−0.366
	(0.0322)	(0.0224)	(0.0297)	(0.0294)	(0.0139)	(0.0293)	(0.777)
观测值	83 259	83 259	83 259	83 259	83 259	83 259	82 692
R方	0.328	0.291	0.205	0.329	0.461	0.179	0.0716

注：***、**、* 分别表示在1%、5%及10%水平上显著,括号中为聚类稳健标准误。

表6-7　企业在补贴政策申请阶段的进一步创新产出情况

变量	(1) 专利申请数	(2) 发明专利 申请数	(3) 非发明专利 申请数	(4) 专利授权数	(5) 发明专利授权数	(6) 非发明专利 授权数	(7) 非发明/发明
申请阶段	−0.0472***	−0.0196**	−0.0432***	−0.0308***	−0.00942*	−0.0309***	−0.777***
(presub_nearest1)	(0.00999)	(0.00764)	(0.00921)	(0.00962)	(0.00564)	(0.00935)	(0.269)
观测值	83 259	83 259	83 259	83 259	83 259	83 259	82 692
R方	0.328	0.291	0.205	0.329	0.461	0.179	0.0716

子表1：表得补贴前1年为申请阶段,PSM最邻近匹配

子表2：表得补贴前2年为申请阶段,PSM最邻近匹配

（续表）

变量	(1) 专利申请数	(2) 发明专利申请数	(3) 非发明专利申请数	(4) 专利授权数	(5) 发明专利授权数	(6) 非发明专利授权数	(7) 非发明/发明
申请阶段	−0.0377***	−0.0156**	−0.0373***	−0.0211**	−0.0128**	−0.0145*	−0.735***
(presub_nearest2)	(0.00883)	(0.00658)	(0.00830)	(0.00857)	(0.00501)	(0.00834)	(0.236)
观测值	83 259	83 259	83 259	83 259	83 259	83 259	82 692
R方	0.328	0.291	0.205	0.328	0.461	0.179	0.0716
子表3：获得补贴前1年为申请阶段，PSM核匹配							
申请阶段	−0.0895***	−0.0473***	−0.0717***	−0.0599***	−0.0178***	−0.0539***	−0.985***
(presub_kernal)	(0.00642)	(0.00484)	(0.00606)	(0.00619)	(0.00350)	(0.00612)	(0.189)
观测值	83 259	83 259	83 259	83 259	83 259	83 259	82 692
R方	0.345	0.305	0.214	0.342	0.467	0.189	0.0730
子表4：获得补贴前1年为申请阶段，PSM半径匹配							
申请阶段	−0.0894***	−0.0474***	−0.0715***	−0.0596***	−0.0177***	−0.0537***	−0.978***
(presub_radius)	(0.00642)	(0.00484)	(0.00606)	(0.00620)	(0.00351)	(0.00612)	(0.189)
观测值	83 259	83 259	83 259	83 259	83 259	83 259	82 692
R方	0.345	0.305	0.214	0.342	0.467	0.189	0.0729

注：***，**，* 分别表示在1%,5%及10%水平上显著，括号中为聚类稳健标准误。

企业在补贴政策申请阶段的创新投入迅速增加、创新产出数量略有降低而产出质量提升的现象可能同补贴政策的资助目标与筛选标准有关。根据第3章对中国补贴政策的介绍,补贴政策一般均对申请者所在技术领域有较为明确的要求,并由该领域专家对企业研发活动的创新性和前沿性进行审核,若补贴给予某一研发项目,审核内容主要为该研发项目的可行性、创新性和发展潜力,企业研发投入规模和研发产出数量在审核过程中的影响力相对较小,因此企业在补贴政策申请阶段创新活动主要内容是对高水平研发项目的立项、可行性分析与前期投入,可能产生研发资金投入较多而尚未取得专利产出的情况。另一方面,不论政府补贴的发放形式是"前补贴"还是"后补贴"形式,均对补贴资金的使用施加了较多限制以保证企业专款专用,将政府资金用于创新活动,客观上排除了一些不以研发为重的申请者,减少了企业策略性行为出现的可能性。

6.2.2　政策执行阶段

表6-8和表6-9分别汇报了企业在获得政府补贴之后的创新投入情况,其中表6-8汇报了对样本进行OLS回归(普通最小二乘回归)的结果,表6-9汇报了为解决内生性进行的工具变量法回归结果。工具变量通过了弱工具变量检验和过度识别检验,使用工具变量的回归结果同OLS回归的结论相比未发生明显变化,因此结果是较为可信的。为了进一步验证上述结果的真实性,进一步用PSM-DID分析作为对比,结果汇报于后文。

表6-8　企业在补贴政策执行阶段的创新投入情况(OLS)

变量	(1) 研发投资额	(2) 研发投资增速	(3) 研发人员数	(4) 研发人员占比
政策执行阶段	0.585 ***	0.0768	0.202 ***	0.0360 ***
(incentive_sub)	(0.0201)	(0.0503)	(0.00905)	(0.00252)
发明专利存量	0.155 ***	0.00722	0.0830 ***	0.00604 ***
	(0.0150)	(0.0265)	(0.00698)	(0.00155)
总资产	0.303 ***	0.141 ***	0.136 ***	−0.00157
	(0.0140)	(0.0375)	(0.00610)	(0.00154)

（续表）

变量	(1) 研发投资额	(2) 研发投资增速	(3) 研发人员数	(4) 研发人员占比
产业链开放度	0.293 ***	0.0398	0.0856 ***	0.0196 ***
	(0.0482)	(0.105)	(0.0202)	(0.00516)
企业年龄	1.632 ***	−1.279 ***	0.289 ***	0.0609 ***
	(0.0384)	(0.112)	(0.0155)	(0.00427)
时间异质性	Yes	Yes	Yes	Yes
个体异质性	Yes	Yes	Yes	Yes
常数项	−1.311 ***	2.250 ***	0.171 ***	0.248 ***
	(0.122)	(0.366)	(0.0544)	(0.0135)
观测值	105 024	50 456	104 897	105 467
R 方	0.132	0.007	0.063	0.011

注：*** 表示在1%水平上显著，括号中为聚类稳健标准误。

表 6-9 企业在补贴政策执行阶段的创新投入情况（Ⅳ）

变量	(1) 研发投资额	(2) 研发投资增速	(3) 研发人员数	(4) 研发人员占比
政策执行阶段	11.52 ***	5.336 **	4.921 ***	1.027 ***
(incentive_sub)	(1.886)	(2.200)	(0.795)	(0.176)
发明专利存量	0.0551	−0.0205	0.0499 **	0.00113
	(0.0453)	(0.0365)	(0.0194)	(0.00417)
总资产	0.253 ***	0.0884 *	0.119 ***	−0.00733 **
	(0.0334)	(0.0472)	(0.0142)	(0.00320)
产业链开放度	−0.0668	−0.0835	−0.0424	−0.00553
	(0.150)	(0.137)	(0.0629)	(0.0139)
企业年龄	3.185 ***	−0.152	0.890 ***	0.201 ***
	(0.271)	(0.501)	(0.113)	(0.0251)
时间异质性	Yes	Yes	Yes	Yes
个体异质性	Yes	Yes	Yes	Yes
观测值	62 028	43 472	61 893	62 390
一阶段 F 值	27.23	12.00	28.18	27.52

注：*** 、** 、* 分别表示在1%、5%及10%水平上显著，括号中为聚类稳健标准误。

　　从回归结果来看,企业获得政府补贴后将进一步扩大研发规模,企业研发投资额和研发投资增速均有增加,研发人员数及研发人员占比也均提高。上述结果说明目前我国研发补贴政策对企业自身研发投资起到杠杆作用,这一结果同武咸云,陈艳,杨卫华(2016)的研究结论是一致的。创新活动的技术溢出效应使得企业难以获得由创新产生的全部收益,使得企业自发开展创新活动的规模难以达到社会最优水平。另一方面,创新活动资金需求较高、产出不稳定,抗风险能力较低或资金短缺的企业往往难以独立开展大规模创新活动。政府补贴解决了企业创新融资难的问题,并分担企业的创新风险、提高企业开展创新活动的预期收益率,因此企业在获得政府补贴后可能更为乐意追加创新投入。同时,中国补贴时常采用"配套补贴"或"后补贴"的机制,即根据企业已有创新投入决定补贴额度,这也有利于鼓励企业追加创新投资。

　　表 6-10 和表 6-11 汇报了企业在获得政府补贴之后的创新产出情况,其中表 6-10 汇报了对样本进行 OLS 回归的结果,表 6-11 汇报了为解决内生性进行的工具变量法回归结果。

　　如表中所示,OLS 回归和工具变量法回归的结果均表明,补贴政策显著促进了企业专利成果数量的提升。从专利种类来看,补贴政策同时促进了发明专利和非发明专利的增加,其中发明专利申请数的增加量高于非发明专利申请数,说明补贴政策的确鼓励了企业开展实质性创新活动,企业的创新能力明显提升。

　　为了验证上述结论的稳健性,继续通过 PSM-DID 方法进一步讨论企业在补贴政策执行阶段的创新行为。传统 PSM 方法仅针对政策发生后样本,通过匹配筛选出同受政策影响样本极为接近的反事实样本,然后计算其均值之差得到政策效应。然而上述方法受协变量选择的影响较大,若关键变量缺失则往往难以得到准确的政策效应。PSM-DID 方法则区分政策发生前和政策发生后两个阶段,分别对两个阶段的样本匹配取得差值,然后再使用政策后差值减掉政策前差值,得到更为准确的政策效应。若协变量选取合理,匹配后的处理组和控制组样本无差异,则政策前差值应当接近 0,计算出的政策效应同传统 PSM 方法相同;若存在关键变量缺失,政策前差值便可反映协变量选择导致的样本偏差,进而从政策后差值中将偏差除掉,得到准确的政策效应。

表6-10　企业在补贴政策执行阶段的创新产出情况（OLS）

变量	(1) 专利申请数	(2) 发明专利申请数	(3) 非发明专利申请数	(4) 专利授权数	(5) 发明专利授权数	(6) 非发明专利授权数	(7) 非发明/发明
政策执行阶段	0.0978***	0.0839***	0.0512***	0.0575***	0.0288***	0.0392***	−0.329
(incentive_sub)	(0.0105)	(0.00847)	(0.00960)	(0.00985)	(0.00602)	(0.00975)	(0.249)
发明专利存量	0.123***	0.142***	0.0156**	0.239***	0.296***	0.0296***	−1.416***
	(0.00853)	(0.00718)	(0.00791)	(0.00839)	(0.00643)	(0.00811)	(0.224)
研发投资额	0.0386***	0.0176***	0.0265***	0.0220***	0.00280***	0.0192***	0.441***
	(0.00197)	(0.00138)	(0.00170)	(0.00170)	(0.000905)	(0.00168)	(0.0405)
研发人员数	0.0815***	0.0494***	0.0559***	0.0626***	0.0107***	0.0600***	0.390***
	(0.00504)	(0.00365)	(0.00455)	(0.00446)	(0.00240)	(0.00443)	(0.121)
总资产	0.0287***	0.0217***	0.0202***	0.0257***	0.00606***	0.0254***	0.185**
	(0.00360)	(0.00283)	(0.00317)	(0.00315)	(0.00176)	(0.00308)	(0.0764)
产业链开放度	0.0795***	0.0665***	0.0380**	0.0922***	0.0387***	0.0722***	0.339
	(0.0202)	(0.0168)	(0.0181)	(0.0190)	(0.0115)	(0.0186)	(0.465)
企业年龄	−0.111***	−0.0970***	−0.0324***	−0.0599***	−0.0284***	−0.0296***	0.359
	(0.0110)	(0.00836)	(0.00985)	(0.00966)	(0.00593)	(0.00943)	(0.246)
时间异质性	Yes	Yes	Yes	Yes	Yes	Yes	Yes
个体异质性	Yes	Yes	Yes	Yes	Yes	Yes	Yes

（续表）

变量	(1) 专利申请数	(2) 发明专利申请数	(3) 非发明专利申请数	(4) 专利授权数	(5) 发明专利授权数	(6) 非发明专利授权数	(7) 非发明/发明
常数项	0.144 ***	0.0733 **	0.0196	0.00233	0.00314	−0.0542 *	−0.000625
	(0.0366)	(0.0288)	(0.0326)	(0.0316)	(0.0177)	(0.0309)	(0.787)
观测值	104 640	104 640	104 640	104 640	104 640	104 640	103 370
R 方	0.356	0.344	0.210	0.398	0.550	0.208	0.0638

注：***，**，* 分别表示在 1%、5% 及 10% 水平上显著，括号中为聚类稳健标准误。

表 6 – 11 企业在补贴政策执行阶段的创新产出情况（Ⅳ）

变量	(1) 专利申请数	(2) 发明专利申请数	(3) 非发明专利申请数	(4) 专利授权数	(5) 发明专利授权数	(6) 非发明专利授权数	(7) 非发明/发明
政策执行阶段	1.861 ***	1.488 ***	0.800 *	4.644 ***	1.330 ***	3.826 ***	−11.06
(incentive_sub)	(0.603)	(0.476)	(0.467)	(1.098)	(0.394)	(0.943)	(14.78)
发明专利存量	0.0931 ***	0.122 ***	0.00156	0.218 ***	0.281 ***	0.0198	−1.612 ***
	(0.0112)	(0.00932)	(0.00893)	(0.0196)	(0.00803)	(0.0168)	(0.266)
研发投资额	0.00269	−0.0107	0.0111	−0.0594 ***	−0.0202 ***	−0.0482 **	0.567 **
	(0.0107)	(0.00841)	(0.00825)	(0.0195)	(0.00697)	(0.0167)	(0.255)

（续表）

变量	(1) 专利申请数	(2) 发明专利申请数	(3) 非发明专利申请数	(4) 专利授权数	(5) 发明专利授权数	(6) 非发明专利授权数	(7) 非发明/发明
研发人员数	0.0425 ***	0.0199	0.0399 ***	-0.0399	-0.0171 *	-0.0247	0.734 **
	(0.0157)	(0.0123)	(0.0121)	(0.0288)	(0.0102)	(0.0247)	(0.368)
总资产	0.0409 ***	0.0322 ***	0.0273 ***	0.0403 ***	0.0126 ***	0.0377 ***	0.138
	(0.00693)	(0.00551)	(0.00508)	(0.0128)	(0.00445)	(0.0108)	(0.124)
产业链开放度	0.0450	0.0405	0.0229	0.00906	0.0120	0.00589	0.793
	(0.0344)	(0.0278)	(0.0258)	(0.0624)	(0.0224)	(0.0531)	(0.697)
企业年龄	0.175 *	0.114	0.0930	0.662 ***	0.174 ***	0.568 ***	-0.456
	(0.100)	(0.0795)	(0.0766)	(0.185)	(0.0661)	(0.158)	(2.299)
时间异质性	Yes	Yes	Yes	Yes	Yes	Yes	Yes
个体异质性	Yes	Yes	Yes	Yes	Yes	Yes	Yes
观测值	61 698	61 698	61 698	61 698	61 698	61 698	60 687
一阶段 F 值	14.59	14.59	14.59	14.59	14.59	14.59	11.54

注：*** , ** , * 分别表示在 1%、5% 及 10% 水平上显著，括号中为聚类稳健标准误。

　　以上述回归中使用的控制变量作为协变量,将样本划分为在样本观测期间获得过补贴和从未获得补贴两组,然后分别对获得补贴前后两个阶段进行 PSM 匹配。匹配方法选择一对四最邻近匹配。PSM-DID 匹配仍需对样本平衡性进行检验,下表 6-12 展示了检验结果,可见匹配后两组样本偏误减小,且通过了 T 检验,说明两组样本在所选协变量上满足平衡性的要求。表 6-13 和表 6-14 分别汇报了对创新投入和创新产出指标计算政策效应的结果,可看出获得政府补贴后,企业的研发资金投入、研发人员、发明和非发明专利产出均显著增加,这一结论同模型回归结果的结论完全一致,因此上述回归结论是较为稳健的。

表 6-12   平衡性检验

变量		处理组	控制组	偏误	偏误减少量	T 检验	P 值
发明专利存量	匹配前	0.24679	0.08356	36.2	75.2	18.18	0
	匹配后	0.24679	0.2063	9.0		2.41	0.016
研发投资额	匹配前	5.5589	2.6528	107.4	97.9	41.59	0
	匹配后	5.5589	5.6189	−2.2		−0.79	0.429
研发人员数	匹配前	2.2491	1.0881	108.1	97.5	42.53	0
	匹配后	2.2491	2.2203	2.7		0.91	0.361
总资产	匹配前	8.1712	7.7029	27.3	86.6	10.74	0
	匹配后	8.1712	8.1083	3.7		1.18	0.239
产业链开放度	匹配前	0.0516	0.0318	9.9	99.6	4.52	0
	匹配后	0.0516	0.0516	0.0		−0.01	0.992
企业年龄	匹配前	5.3044	7.4717	−44.9	97.3	−17.83	0
	匹配后	5.3044	5.3629	−1.2		−0.42	0.677

表 6-13   企业在补贴政策执行阶段的创新投入情况(PSM-DID)

变量		(1) 研发投资额	(2) 研发投资增速	(3) 研发人员数	(4) 研发人员占比
政策前	处理组均值	5.568	1.422	2.250	0.514
	控制组均值	3.454	1.300	1.397	0.322
	差值	2.114	0.122	0.853	0.192

（续表）

	变量	(1) 研发投资额	(2) 研发投资增速	(3) 研发人员数	(4) 研发人员占比
政策后	处理组均值	6.456	1.400	2.460	0.559
	控制组均值	3.710	1.160	1.436	0.327
	差值	2.746	0.240	1.023	0.233
政策效应		0.632 *** (0.0636)	0.119 (0.189)	0.170 *** (0.0259)	0.0408 *** (0.00690)
观测值		28 722	7 805	28 737	28 771
R 方		0.179	0.001	0.158	0.118

注：*** 表示在1%水平上显著，括号中为聚类稳健标准误。

表 6 - 14　企业在补贴政策执行阶段的创新产出情况（PSM-DID）

变量		(1) 专利申请数	(2) 发明专利申请数	(3) 非发明专利申请数	(4) 专利授权数	(5) 发明专利授权数	(6) 非发明专利授权数	(7) 非发明/发明
政策前	处理组均值	1.691	0.776	0.827	0.366	0.117	0.272	3.530
	控制组均值	1.442	0.568	0.770	0.291	0.0901	0.220	3.725
	差值	0.248	0.208	0.0573	0.0752	0.0270	0.0515	−0.195
政策后	处理组均值	2.341	1.007	1.129	0.489	0.183	0.342	4.165
	控制组均值	1.579	0.603	0.945	0.347	0.108	0.266	4.300
	差值	0.762	0.404	0.184	0.143	0.0750	0.0763	−0.135
政策效应		0.514 ***	0.196 ***	0.126 **	0.0673 ***	0.0480 ***	0.0248 *	0.0601
		(0.0936)	(0.0447)	(0.0587)	(0.0164)	(0.00879)	(0.0148)	(0.353)
观测值		28 658	28 648	28 654	28 704	28 701	28 702	28 603
R 方		0.008	0.008	0.003	0.011	0.009	0.005	0.000

注：***，**，* 分别表示在 1%、5% 及 10% 水平上显著，括号中为聚类稳健标准误。

6.3 高新技术企业认定政策下的企业创新活动

本节汇报高新技术企业认定政策的实证分析结果。考虑到获得高新技术企业认定的企业,其主要技术领域必须在《国家重点支持的高新技术领域》内,尽管所采用的数据已经是科技企业样本,但仍存在企业技术领域同《国家重点支持的高新技术领域》不重合的情况,因此对样本做进一步限制。由于数据无法对企业技术领域做直接观测,因此按照企业所在行业的二位代码划分,若该行业在观测期间没有高新技术企业样本或样本数低于 10 个,则认为该行业的主流技术与《国家重点支持的高新技术领域》的相关性较低,将该行业样本删除。在上述处理后,删除数据中约 2.39% 的样本。

6.3.1 申请阶段

将高新技术企业认定前 1 年的样本认为处于补贴政策的申请阶段,考虑到申请失败的情况,还需要通过 PSM 匹配方法识别进行申请但未获得认定的企业。将上述认定成功的企业样本作为处理组,未获得认定样本作为控制组,进行一对四最邻近匹配,匹配成功的控制组样本认为也进行了申请,匹配失败的控制组样本认为没有进行申请。为了证明匹配成功的处理组和控制组样本具有相同特征,进行平衡性检验,结果汇报于表 6-15,从检验结果中可见,除"是否获补贴政策"的协变量之外,处理组和控制组在各个协变量上的偏误不超过 5%,说明两组样本特征较为接近,T 检验结果表明在各个协变量上所有协变量均不拒绝"处理组同控制组无系统差异"的原假设,因此两组样本通过平衡性检验。更换 PSM 匹配方法和处理组年限进行稳健性检验,平衡性检验结果均未产生较大变化,因此不再重复汇报。表 6-16 汇报了通过四种方法识别申请阶段企业的指标名称、识别方法及基本统计量。四种方法中,最少将 4.58% 的样本认为处于高新技术企业认定政策申请阶段,最多将 17.16% 的样本认为处于高新技术企业认定政策申请阶段。

表 6‒15　平衡性检验

指标	处理组均值	控制组均值	偏误(%)	T 检验
研发投入强度	0.29794	0.30385	−0.8	−0.29
研发支出增长率	1.57150	1.4671	2.4	0.79
人均研发开支	56.19000	50.429	4.4	1.31
硕士及以上学历人数占比	0.10136	0.10181	−0.3	−0.11
发明专利存量	0.05130	0.04614	2.6	0.91
产业链开放度	0.11273	0.11074	0.6	0.22
是否获得补贴政策支持	0.31349	0.27582	8.3	2.88

表 6‒16　高新技术企业认定政策申请阶段指标统计描述

指标	识别方法	均值	标准差
preht_nearest1	高企认定前 1 年为申请阶段，PSM 最邻近匹配	0.0910193	0.2876376
preht_nearest2	高企认定前 2 年为申请阶段，PSM 最邻近匹配	0.1208935	0.3260047
preht_kernal	高企认定前 1 年为申请阶段，PSM 核匹配	0.1715755	0.3770125
preht_radius	高企认定前 1 年为申请阶段，PSM 半径匹配	0.1701642	0.3757784

注：为了节约空间，本表在不影响阅读的前提下将"高新技术企业"简写为"高企"，后续部分表格进行了相同处理，不再重复标注。

　　表 6‒17 汇报了将高新技术企业认定前 1 年作为申请阶段进行 PSM 最邻近匹配计算指标的回归结果，企业在高新技术企业认定的申请阶段同样表现出了创新规模的急剧扩张，研发投资额增长了 23.9%，研发人员数则扩大了5.46%。同时，企业研发投资增速提高了 51.7%，研发人员则提高了 1.35%。表 6‒18进一步汇报了通过其他三种方法计算申请阶段指标的稳健性检验结果，各个指标的回归结果均未产生较大变化，说明回归结果是较为稳健的。上述结果补贴政策的回归结果类似，说明企业无论在补贴还是税收工具的创新激励政策中均存在扩大创新投入以应对政府筛选的现象。然而，正如对补贴政策相

应系数的解释，创新投入的迅速扩张可能存在两种情况，一是企业开展较大规模的实质性创新活动，二是企业研发投入的增加仅仅是向政府显示其创新规模的策略性行为，而并非真正用于实质性创新。因此还需对企业创新产出及政策执行阶段的创新活动进行进一步探究。

表 6-17　企业在高新技术企业认定政策申请阶段的创新投入情况

变量	(1) 研发投资额	(2) 研发投资增速	(3) 研发人员数	(4) 研发人员占比
申请阶段	0.239 ***	0.517 ***	0.0546 ***	0.0135 ***
(preht_nearest1)	(0.0194)	(0.0673)	(0.00778)	(0.00225)
发明专利存量	0.126 ***	−0.0133	0.0783 ***	0.00412 ***
	(0.0161)	(0.0263)	(0.00707)	(0.00159)
总资产	0.342 ***	0.0796 **	0.144 ***	−0.000818
	(0.0141)	(0.0373)	(0.00607)	(0.00151)
产业链开放度	0.347 ***	0.0547	0.0984 ***	0.0229 ***
	(0.0482)	(0.105)	(0.0202)	(0.00517)
企业年龄	0.202 ***	−0.0740 ***	0.0357 ***	0.00850 ***
	(0.00633)	(0.00874)	(0.00210)	(0.000551)
时间异质性	Yes	Yes	Yes	Yes
个体异质性	Yes	Yes	Yes	Yes
常数项	0.0497	0.646 *	0.421 ***	0.299 ***
	(0.116)	(0.343)	(0.0524)	(0.0128)
观测值	105 028	50 457	104 901	105 471
R 方	0.128	0.0176	0.246	0.0408

注：*** 、** 、* 分别表示在 1%、5%及 10%水平上显著，括号中为聚类稳健标准误。

表 6-18　企业在高新技术企业认定政策申请阶段的进一步创新投入情况

变量	(1) 研发投资额	(2) 研发投资增速	(3) 研发人员数	(4) 研发人员占比
子表 1：高企认定前 1 年为申请阶段，PSM 最邻近匹配				
申请阶段	0.239 ***	0.517 ***	0.0546 ***	0.0135 ***
(preht_nearest1)	(0.0194)	(0.0673)	(0.00778)	(0.00225)
观测值	105 028	50 457	104 901	105 471
R 方	0.1280	0.0176	0.2460	0.0408

（续表）

变量	(1) 研发投资额	(2) 研发投资增速	(3) 研发人员数	(4) 研发人员占比
子表2:高企认定前2年为申请阶段,PSM最邻近匹配				
申请阶段	0.210 ***	0.572 ***	0.0370 ***	0.0142 ***
（preht_nearest2）	(0.0197)	(0.0640)	(0.00800)	(0.00224)
观测值	105 028	50 457	104 901	105 471
R方	0.1270	0.0179	0.2450	0.0395
子表3:高企认定前1年为申请阶段,PSM核匹配				
申请阶段	0.0989 ***	0.528 ***	0.0211 ***	0.0109 ***
（preht_kernal）	(0.0195)	(0.0725)	(0.00769)	(0.00224)
观测值	105 028	50 457	104 901	105 471
R方	0.1260	0.0109	0.2450	0.0382
子表4:高企认定前1年为申请阶段,PSM半径匹配				
申请阶段	0.0892 ***	0.398 ***	0.0213 ***	0.0103 ***
（preht_radius）	(0.0196)	(0.0774)	(0.00768)	(0.00224)
观测值	105 028	50 457	104 901	105 471
R方	0.1260	0.0122	0.2450	0.0387

注：*** 表示在1%水平上显著,括号中为聚类稳健标准误。

表6-19和表6-20分别汇报了企业在高新技术企业认定政策申请阶段的创新产出情况。从回归结果来看,企业在申请阶段的专利申请数大幅增加,但若区分发明专利和非发明专利来看,则发现专利申请的增加几乎全部来自于非发明专利申请而非发明专利申请。从专利授权数而言,尽管两类专利授权数均有增加,但非发明专利授权数的增量远高于发明专利授权数。从创新产出价值来看,处于申请阶段的企业非发明专利数同发明专利数的比值增加,说明企业创新产出以技术水平相对较低的非发明专利为主,创新产出质量略有下降。整体而言,企业在高新技术企业认定政策的申请阶段存在大量申请非发明专利的策略性行为。

企业在高新技术企业认定政策申请阶段的策略性行为的产生可通过以下三个方面解释：首先,高新技术企业认定政策未要求企业将税收优惠金额用于创新活动中,在 2016 年政策文本修订之前,企业无需每年汇报其创新活动开展情况,也没有政府监督与处罚的相应条款,企业策略性行为的预期收益高。其次,从高新技术企业认定过程对企业的具体要求来看,申请者必须满足的基本条件中涉及专利等知识产权数量、研发人员投入比例、研发资金投入比例和研发活动的经济性收入四项创新指标,使得企业有动机通过策略性的手段提升本企业在上述指标方面的表现,进而提高通过认定的可能性。最后,自我国高新技术企业认定政策实施以来,申请认定的企业数量逐年攀升,申请者广泛分布在国家高新技术领域的各个方向而非单一领域,政府认定工作强度高、对专业知识的需求也极高,政府与企业之间存在信息差。尽管政府聘请专家组参与审核,也可能很难覆盖所有技术领域,因此在审核过程中可能较多的依赖于对企业创新投入产出指标的观察,对企业策略性行为缺乏识别能力。

表 6 - 19　企业在高新技术企业认定政策申请阶段的创新产出情况

变量	(1) 专利申请数	(2) 发明专利申请数	(3) 非发明专利申请数	(4) 专利授权数	(5) 发明专利授权数	(6) 非发明专利授权数	(7) 非发明/发明
申请阶段	0.0319***	0.00808	0.0302***	0.0437***	0.00834**	0.0375***	0.947***
(preht_nearest1)	(0.00754)	(0.00568)	(0.00694)	(0.00694)	(0.00385)	(0.00685)	(0.207)
发明专利存量	0.127***	0.147***	0.0164**	0.245***	0.299***	0.0328***	-1.451***
	(0.00859)	(0.00723)	(0.00794)	(0.00847)	(0.00652)	(0.00817)	(0.225)
研发投资额	0.0411***	0.0205***	0.0269***	0.0248***	0.00456***	0.0206***	0.405***
	(0.00200)	(0.00143)	(0.00172)	(0.00173)	(0.000934)	(0.00171)	(0.0403)
研发人员数	0.0827***	0.0501***	0.0569***	0.0625***	0.0105***	0.0602***	0.397***
	(0.00507)	(0.00368)	(0.00456)	(0.00447)	(0.00241)	(0.00445)	(0.121)
总资产	0.0277***	0.0215***	0.0196***	0.0283***	0.00750***	0.0268***	0.181**
	(0.00360)	(0.00287)	(0.00315)	(0.00315)	(0.00176)	(0.00308)	(0.0752)
产业链开放度	0.0774***	0.0641***	0.0383**	0.0864***	0.0359***	0.0692***	0.338
	(0.0203)	(0.0168)	(0.0182)	(0.0191)	(0.0115)	(0.0187)	(0.465)
企业年龄	-0.0167***	-0.0160***	-0.00410***	-0.0135***	-0.00701***	-0.00663***	0.0897**
	(0.00168)	(0.00143)	(0.00148)	(0.00153)	(0.000971)	(0.00152)	(0.0378)
时间异质性	Yes	Yes	Yes	Yes	Yes	Yes	Yes
个体异质性	Yes	Yes	Yes	Yes	Yes	Yes	Yes

（续表）

变量	(1) 专利申请数	(2) 发明专利申请数	(3) 非发明专利申请数	(4) 专利授权数	(5) 发明专利授权数	(6) 非发明专利授权数	(7) 非发明/发明
常数项	0.0608 *	0.00588	−0.00731	−0.0406	−0.0141	−0.0773 ***	0.0305
	(0.0335)	(0.0263)	(0.0257)	(0.0290)	(0.0158)	(0.0283)	(0.712)
观测值	104 644	104 644	104 644	104 644	104 644	104 644	103 374
R 方	0.346	0.324	0.209	0.379	0.541	0.199	0.0632

注:***、**、*分别表示在 1%、5% 及 10% 水平上显著,括号中为聚类稳健标准误。

表 6 - 20　企业在高新技术企业认定政策申请阶段的创新产出情况

变量	(1) 专利申请数	(2) 发明专利申请数	(3) 非发明专利申请数	(4) 专利授权数	(5) 发明专利授权数	(6) 非发明专利授权数	(7) 非发明/发明
子表 1:高企认定前 1 年为申请阶段,PSM 最邻近匹配							
申请阶段	0.0319 ***	0.00808	0.0302 ***	0.0437 ***	0.00834 **	0.0375 ***	0.947 ***
(preht_nearest1)	(0.00754)	(0.00568)	(0.00694)	(0.00691)	(0.00385)	(0.00685)	(0.207)
观测值	104 644	104 644	104 644	104 644	104 644	104 644	103 374
R 方	0.346	0.324	0.209	0.379	0.541	0.199	0.0632
子表 2:高企认定前 2 年为申请阶段,PSM 最邻近匹配							

（续表）

变量	(1) 专利申请数	(2) 发明专利申请数	(3) 非发明专利申请数	(4) 专利授权数	(5) 发明专利授权数	(6) 非发明专利授权数	(7) 非发明/发明
申请阶段	0.0263***	0.00929	0.0216***	0.0293***	0.00806**	0.0202***	0.677***
(preht_nearest2)	(0.00724)	(0.00649)	(0.00653)	(0.00660)	(0.00362)	(0.00654)	(0.190)
观测值	104 644	104 644	104 644	104 644	104 644	104 644	103 374
R方	0.347	0.324	0.209	0.380	0.541	0.200	0.0633
子表 3：高企认定前 1 年为申请阶段，PSM 核匹配							
申请阶段	0.00416	0.000715	0.00469	0.0222***	0.00806**	0.0132**	0.346**
(prht_kernal)	(0.00635)	(0.00476)	(0.00572)	(0.00577)	(0.00322)	(0.00566)	(0.163)
观测值	104 644	104 644	104 644	104 644	104 644	104 644	103 374
R方	0.347	0.324	0.209	0.377	0.540	0.198	0.0623
子表 4：高企认定前 1 年为申请阶段，PSM 半径匹配							
申请阶段	0.00423	0.000454	0.00499	0.0232***	0.00873***	0.0141**	0.349**
(preht_radius)	(0.00635)	(0.00475)	(0.00571)	(0.00577)	(0.00322)	(0.00565)	(0.163)
观测值	104 644	104 644	104 644	104 644	104 644	104 644	103 374
R方	0.347	0.324	0.209	0.377	0.540	0.198	0.0623

注：***，** 分别表示在 1%、5% 水平上显著，括号中为聚类稳健标准误。

6.3.2 政策执行阶段

进一步对企业在高新技术企业认定政策执行阶段的创新投入产出进行探究。对于企业的创新投入情况,表 6-21 和表 6-22 分别汇报了通过 OLS 方法和工具变量法对模型 6-2 的回归结果,其中,工具变量通过的过度识别检验和弱工具变量检验,且其回归结果同 OLS 结果相比未发生较大变化。从企业创新投入来看,获得认定的高新技术企业其研发投资额和研发人员数量与占比均较高,但其研发投资增速却大幅降低。企业在获得高新技术企业认定后所得税率将由 25% 下降至 15% 的优惠税率,缓解了融资约束,使得企业能够将更多资金投入到创新活动中,因此企业的研发资金和人员数量在政策后均有提升。企业研发投资增速则反映了企业当年研发资金投入同上一年的相对变化,增速的降低则很可能反映了高新技术企业在申请阶段的研发投资飞速增长。由于研发投资比例是高新技术企业认定过程中的一个重要参考指标,企业在申请期间内可能进行大规模创新资金投入以显示其创新规模与创新活动的成长性,当通过认定后,企业回归其常规创新活动,不再需要维持较高的研发投资水平,因此可能出现研发投资增速降低的现象。

表 6-21 企业在高新技术企业认定政策执行阶段的创新投入情况(OLS)

变量	(1) 研发投资额	(2) 研发投资增速	(3) 研发人员数	(4) 研发人员占比
政策执行阶段	0.441 ***	−0.649 ***	0.275 ***	0.0278 ***
(incentive_ht)	(0.0374)	(0.0849)	(0.0165)	(0.00386)
发明专利存量	0.147 ***	0.0133	0.0762 ***	0.00549 ***
	(0.0149)	(0.0263)	(0.00689)	(0.00154)
总资产	0.289 ***	0.178 ***	0.127 ***	−0.00244
	(0.0141)	(0.0376)	(0.00608)	(0.00155)
产业链开放度	0.345 ***	0.00709	0.110 ***	0.0228 ***
	(0.0488)	(0.104)	(0.0202)	(0.00517)
企业年龄	1.507 ***	−1.102 ***	0.217 ***	0.0531 ***
	(0.0391)	(0.110)	(0.0154)	(0.00436)

（续表）

变量	(1) 研发投资额	(2) 研发投资增速	(3) 研发人员数	(4) 研发人员占比
时间异质性	Yes	Yes	Yes	Yes
个体异质性	Yes	Yes	Yes	Yes
常数项	−0.979 ***	1.853 ***	0.352 ***	0.269 ***
	(0.121)	(0.362)	(0.0532)	(0.0136)
观测值	105 024	50 456	104 897	105 467
R 方	0.124	0.0250	0.297	0.0382

注：*** 表示在 1%水平上显著,括号中为聚类稳健标准误。

表 6‑22　企业在高新技术企业认定政策执行阶段的创新投入情况（Ⅳ）

变量	(1) 研发投资额	(2) 研发投资增速	(3) 研发人员数	(4) 研发人员占比
政策执行阶段	6.065 ***	−3.856 ***	2.495 ***	0.802 ***
(incentive_ht)	(0.859)	(0.817)	(0.358)	(0.113)
发明专利存量	−0.0110	−0.0674	0.0196 *	−0.0100 ***
	(0.0262)	(0.0445)	(0.0112)	(0.00342)
总资产	0.0436	−0.342 **	0.0370 **	−0.0377 ***
	(0.0442)	(0.161)	(0.0180)	(0.00573)
产业链开放度	0.590 ***	0.499 **	0.217 ***	0.0669 ***
	(0.0872)	(0.200)	(0.0351)	(0.0109)
企业年龄	0.0649	8.596 ***	−0.412 ***	−0.147 ***
	(0.237)	(2.745)	(0.0980)	(0.0311)
时间异质性	Yes	Yes	Yes	Yes
个体异质性	Yes	Yes	Yes	Yes
观测值	62 028	43 472	61 893	62 390
一阶段 F 值	41.26	18.50	42.54	41.56

注：*** 、** 、* 分别表示在 1%、5%及 10%水平上显著,括号中为聚类稳健标准误。

表 6‑23 和表 6‑24 汇报了企业在政策执行阶段的创新产出情况。结果表明,高新技术企业创新产出无论在专利申请还是专利授权方面均略低于其他企

业,分专利类型来看,发明专利和非发明专利数量均有降低,其中非发明专利数减少的幅度高于发明专利数的减少幅度。企业非发明专利同发明专利比值出现大幅降低,说明尽管企业创新产出总量降低,但其中高技术含量产出的比例却增加了,创新质量得到提升。高新技术企业在申请阶段非发明专利申请大幅增加、单位创新的技术水平降低,而在政策执行阶段则降低了专利数量、单位创新的技术水平提升。这一现象说明企业在申请阶段可能存在"专利质量换数量"的策略性行为以迎合政府对于创新成果数量的偏好,而在政策执行阶段企业不再需要维持较高的创新产出,转而进行实质性创新。

继续通过 PSM-DID 方法对上述结论进行稳健性检验。表 6-25 和表6-26 分别汇报了对高新技术企业创新投入和创新产出的分析。具体操作过程及原理同补贴政策相同,此处不再重复介绍。如表中所示,除发明专利授权数的政策效应系数不再显著为负之外,其余指标的回归结果均同 OLS 和工具变量法的回归结果一致。同时,专利授权数没有减少的结果进一步印证了高新技术企业在获得认定后不再追求高创新产出、反而关注创新产出质量的结论。

表 6-23　企业在高新技术企业认定政策执行阶段的创新产出情况（OLS）

变量	(1) 专利申请数	(2) 发明专利申请数	(3) 非发明专利申请数	(4) 专利授权数	(5) 发明专利授权数	(6) 非发明专利授权数	(7) 非发明/发明
政策执行阶段	-0.0610***	-0.0243**	-0.0541***	-0.0607***	-0.0344***	-0.0374**	-1.357***
(incentive_ht)	(0.0157)	(0.0118)	(0.0144)	(0.0150)	(0.00800)	(0.0148)	(0.430)
发明专利存量	0.125***	0.143***	0.0173**	0.241***	0.297***	0.0308***	-1.376***
	(0.00859)	(0.00722)	(0.00794)	(0.00843)	(0.00647)	(0.00813)	(0.224)
研发投资额	0.0404***	0.0191***	0.0275***	0.0231***	0.00338***	0.0200***	0.438***
	(0.00198)	(0.00138)	(0.00170)	(0.00170)	(0.000900)	(0.00168)	(0.0403)
研发人员数	0.0850***	0.0516***	0.0584***	0.0654***	0.0122***	0.0618***	0.424***
	(0.00508)	(0.00369)	(0.00455)	(0.00447)	(0.00241)	(0.00444)	(0.12000)
总资产	0.0309***	0.0226***	0.0222***	0.0279***	0.00730***	0.0267***	0.234***
	(0.00362)	(0.00284)	(0.00318)	(0.00317)	(0.00177)	(0.00310)	(0.07690)
产业链开放度	0.0789***	0.0679***	0.0363**	0.0903***	0.0375***	0.0711***	0.239
	(0.0203)	(0.0168)	(0.0182)	(0.0191)	(0.0116)	(0.0187)	(0.4650)
企业年龄	-0.105***	-0.0977***	-0.0241**	-0.0505***	-0.0229***	-0.0241**	0.682***
	(0.0112)	(0.00853)	(0.00993)	(0.00985)	(0.00609)	(0.00960)	(0.25000)
时间异质性	Yes	Yes	Yes	Yes	Yes	Yes	Yes
个体异质性	Yes	Yes	Yes	Yes	Yes	Yes	Yes

（续表）

变量	(1) 专利申请数	(2) 发明专利申请数	(3) 非发明专利申请数	(4) 专利授权数	(5) 发明专利授权数	(6) 非发明专利授权数	(7) 非发明/发明
常数项	0.126***	0.0737**	−0.0202	−0.0219	−0.0112	−0.0685**	−0.810
	(0.0364)	(0.0287)	(0.0323)	(0.0316)	(0.0180)	(0.0306)	(0.7770)
观测值	104 640	104 640	104 640	104 640	104 640	104 640	103 370
R方	0.348	0.333	0.203	0.393	0.553	0.201	0.0524

注：***，** 分别表示在1%，5%水平上显著，括号中为聚类稳健标准误。

表6-24 企业在高新技术企业认定政策执行阶段的创新产出情况（IV）

变量	(1) 专利申请数	(2) 发明专利申请数	(3) 非发明专利申请数	(4) 专利授权数	(5) 发明专利授权数	(6) 非发明专利授权数	(7) 非发明/发明
政策执行阶段 (incentive ht)	−1.370***	−1.357***	−0.534	−2.483***	−1.396***	−1.730***	1.860
	(0.402)	(0.332)	(0.353)	(0.464)	(0.277)	(0.411)	(9.565)
发明专利存量	0.118***	0.146***	0.0714	0.264***	0.306***	0.0527***	−1.645***
	(0.0121)	(0.0104)	(0.0106)	(0.0139)	(0.00894)	(0.0122)	(0.331)
研发投资额	0.0350***	0.0153***	0.0249***	0.0207***	0.00314*	0.0177***	0.381***
	(0.00279)	(0.00224)	(0.00218)	(0.00322)	(0.00180)	(0.00269)	(0.05150)

（续表）

变量	（1）专利申请数	（2）发明专利申请数	（3）非发明专利申请数	（4）专利授权数	（5）发明专利授权数	（6）非发明专利授权数	（7）非发明/发明
研发人员数	0.1250***	0.0933***	0.0737***	0.1380***	0.0538***	0.1130***	0.4310
	(0.01360)	(0.01110)	(0.01180)	(0.01570)	(0.00922)	(0.01380)	(0.31900)
总资产	0.0917***	0.0835***	0.0469***	0.129***	0.0660***	0.0977***	0.0907
	(0.0175)	(0.0145)	(0.0152)	(0.0204)	(0.0121)	(0.0179)	(0.409)
产业链开放度	0.00544	−0.00579	0.00889	−0.0373	−0.0397	−0.0146	0.644
	(0.0359)	(0.0303)	(0.0305)	(0.0407)	(0.0243)	(0.0356)	(0.8260)
企业年龄	0.225**	0.222***	0.101	0.546***	0.318***	0.391***	0.829
	(0.1020)	(0.0846)	(0.0893)	(0.1180)	(0.0706)	(0.1040)	(2.4030)
时间异质性	Yes	Yes	Yes	Yes	Yes	Yes	Yes
个体异质性	Yes	Yes	Yes	Yes	Yes	Yes	Yes
观测值	61 698	61 698	61 698	60 687	61 698	61 698	60 687
一阶段 F 值	36.76	36.76	36.76	36.76	36.76	36.76	37.54

注：*** 分别表示在 1% 水平上显著，括号中为聚类稳健标准误。

表 6‑25 企业在高新技术企业认定政策执行阶段的创新投入情况（PSM-DID）

变量		(1) 研发投资额	(2) 研发投资增速	(3) 研发人员数	(4) 研发人员占比
匹配前	处理组均值	7.231	1.416	3.071	0.431
	控制组均值	3.383	1.376	1.442	0.234
	差值	3.848	0.0402	1.629	0.198
匹配后	处理组均值	7.747	0.362	3.210	0.445
	控制组均值	3.466	0.888	1.361	0.229
	差值	4.281	−0.527	1.848	0.215
政策效应		0.433 ***	−0.567 **	0.219 ***	0.0178 *
		(0.0942)	(0.261)	(0.0418)	(0.00918)
观测值		14 013	3 334	14 034	14 050
R 方		0.349	0.013	0.331	0.126

注：***、**、* 分别表示在 1%、5%及 10%水平上显著，括号中为聚类稳健标准误。

6.4 本章小结

针对补贴政策和高新技术企业认定政策两类主流创新激励政策，探究企业在申请阶段及政策执行阶段的创新投入、产出行为。使用面板固定效应模型，主要回归结果如表 6‑27 所示。

对于补贴政策，企业在申请阶段和政策执行阶段均维持较高的创新投入，申请阶段创新产出数量略有降低、质量提升，在政策执行阶段创新产出有大幅的提升，且发明专利申请数大幅增加。认为企业在补贴政策的申请和执行阶段均不存在策略性行为，主要原因是企业的研发投入在两个阶段均保持一贯的增长，尽管在申请阶段创新产出小幅降低，但企业在获得补贴后创新产出大幅增加，且以发明专利申请的增加为主。另外，从补贴政策的整个过程而言，补贴项目往往指定申请企业的具体技术领域，企业需提交研发项目的可行性报告并由领域内专家审核企业或特定项目的创新性和发展潜力，同时政府对资金的用途施加了较强的控制，要求企业仅将政府资金用于创新活动，企业开展策略性行为的空间较小、预期收益较低。

表6-26　企业在高新技术企业认定政策执行阶段的创新投入情况（PSM-DID）

变量		(1) 专利 申请数	(2) 发明专利 申请数	(3) 非发明专利 申请数	(4) 专利 授权数	(5) 发明专利 授权数	(6) 非发明专利 授权数	(7) 非发明/发明
匹配前	处理组均值	4.203	1.387	2.730	1.041	0.250	0.876	11.89
	控制组均值	1.863	0.697	0.654	0.407	0.195	0.252	2.992
	差值	2.340	0.690	2.076	0.634	0.0556	0.625	8.894
匹配后	处理组均值	3.302	1.164	2.054	0.775	0.242	0.611	8.183
	控制组均值	1.718	0.676	0.827	0.413	0.182	0.268	3.632
	差值	1.584	0.488	1.227	0.362	0.0601	0.343	4.551
政策效应		-0.756***	-0.202***	-0.850***	-0.271***	0.00452	-0.282***	-4.343***
		(0.171)	(0.0778)	(0.110)	(0.0302)	(0.0169)	(0.0283)	(0.698)
观测值		14 199	14 206	14 185	14 228	14 228	14 228	14 176
R方		0.040	0.017	0.065	0.080	0.003	0.086	0.029

注：*** 分别表示在1%水平上显著，括号中为聚类稳健标准误。

表 6-27 第 6 章实证分析结果汇总

创新指标	补贴政策		高新技术企业认定政策	
	申请阶段	政策执行阶段	申请阶段	政策执行阶段
研发投资额	＋	＋	＋	＋
研发投资增速	＋	○	＋	－
研发人员数	＋	＋	＋	＋
研发人员占比	＋	＋	＋	＋
专利申请数	－	＋	＋	－
发明专利申请数	－	＋	○	＋
非发明专利申请数	－	＋	＋	＋
专利授权数	－	＋	＋	＋
发明专利授权数	－	＋	＋	＋
非发明专利授权数	－	＋	＋	＋
非发明/发明	＋	○	－	＋

注:"＋"表示有显著正向影响,"－"表示有显著负向影响,"○"表示无显著影响。

对于高新技术企业认定政策,企业在申请阶段创新投入较高,但在政策执行阶段尽管仍然维持较高创新规模,创新投入的增速却显著降低。这可能是由于企业在申请阶段迅速提高研发投入来显示其创新规模与成长性,而在通过认定之后则不需要再保持高研发投入。同时,企业在申请阶段非发明申请数大幅增加,发明专利申请则未发生变化,因此认为企业在申请阶段存在大规模申请非发明专利以提升专利数量的策略性行为。

企业在高新技术企业认定政策申请阶段的策略性行为可通过以下三个方面解释:首先,高新技术企业认定政策未要求企业将税收优惠金额用于创新活动中,且在 2016 年政策文本修订之前,企业无需每年汇报其创新活动开展情况,也没有政府监督与处罚的相应条款,企业策略性行为的预期收益较高。其次,从高新技术企业认定过程对企业的具体要求来看,申请者必须满足的基本条件中涉及专利等知识产权数量、研发人员投入比例、研发资金投入比例和研发活动的经济性收入四项创新指标,使得企业有动机通过策略性的手段提升本企业在上述指标方面的表现,进而提高通过认定的可能性。最后,在我国高新技术企业认定政策实施以来,申请认定的企业数量逐年攀升,申请者广泛分布在国家高新技术领域的各个方向而非单一领域,政府认定工作强度高、对专业知识的需求也极高,政府与企业之间存在信息差。尽管政府聘请专家组参与审核,也可能很难覆盖所有技术领域,因此在审核过程中可能较多的依赖于对企业创新投入产出指标的观察,对企业策略性行为缺乏识别能力。

7 企业策略性行为对政策效果的影响

7.1 模型与变量

7.1.1 策略性企业的识别

首先介绍对策略性企业的识别方法。专利拥有量能够在很大程度上反映企业创新水平,授权流程透明且有全国统一的审核标准,是政府在决定创新激励政策分配时的重要参考指标,也因此可能成为企业策略性申请行为的重点调整对象。企业可能通过大规模申请非发明专利来迅速提升企业授权专利数,进而从政府获利(黎文靖和郑曼妮,2016)。考虑到中国创新困境的最突出表现便是专利数量爆发式增长、创新水平和生产效率提升缓慢,这可能很大程度上源于企业盲目追求专利数量的行为,因此将其作为识别策略性企业的最主要依据。

在专利数量竞争中,企业希望能够尽快以最小的投入获得尽可能多的专利产出,由于实用新型专利和外观设计专利相对于发明专利具有研发投入低、审核周期短、授权率高的特征(Cheung & Lin,2004),自然成为策略性企业的最佳选择。首先计算专利比,即企业当年申请的非发明专利数同发明专利数的比值。当企业在高新技术企业认定前三年的平均专利比超过临界值时,认为该企业是策略性企业(下文中称为"专利数量标准")。本书所用数据中高新技术企业的平均专利比为 1.42,参考这一数值,分别设定临界值为 1.5、2、3、5、10,得到五个指标。[①]

---

① 为节省空间,后文只汇报了以 2 和 5 为临界值的回归结果,使用其他临界值的回归结果同临界值 2 和 5 的结果均无明显差异。

需指出的是,尽管现有研究结论已为专利数量标准提供了充分的理论支持和实证证据,但依靠单一标准来对策略性企业进行划分可能导致偏差。为了保证结论的稳健性,需考虑其他替代性识别标准,若不同标准下的回归结果保持一致,则说明结论是较为可信的。因此,继续提出下述两项识别标准。

研发投入较高的企业往往被认为具有较大研发规模和较高研发能力,因此可能在创新激励政策的分配中具有优势。高新技术企业的基本认定条件中要求申请者的研发投资强度不低于对应门槛值,Chen 等(2021)发现高新技术企业在获得认定前的平均研发投资大幅增加,甚至可能将管理费用记在研发支出下。通过对比高新技术企业获得认定前后的平均研发支出增长率(见图 7-1),发现增长率在企业获得认定前一年大幅提高,在认定后则迅速下降至 0% 以下,随后缓慢提升,说明企业可能存在突击式研发或虚报研发支出等策略性行为。因此,若企业获得高新技术企业认定后三年内研发支出降低,认为该企业是策略性企业(下文中称为"研发投入标准")。

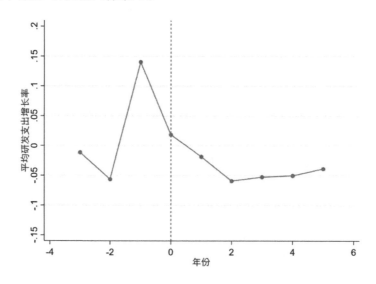

图 7-1 高新技术企业获得认定前后的研发支出增长率

Dai 和 Wang(2019)的研究筛选出在后续审核中被取消认定的不合格企业,发现高新技术企业的税收优惠并未对其研发活动起到促进作用,并将此类企业称为"欺骗性"企业。该类企业申请政策支持的目的只是为了增加盈利,一旦企业获得高新技术企业资格,便没有动力去维持大规模研发活动。借鉴这一思路,当企业不再符合基本认定条件或在后续审核中被取消认定时,认为该企业是策略性企业(下文中称为"合规性标准")。

7.1.2 模型的构建

(1) 基础模型。

为了探究策略性企业获得认定后对高新技术企业政策效果的影响,构建如下模型:

$$Innovation_{it} = \beta_0 + \beta_1 Strategy_i + \beta_2 Strategy_i Hightech_{it} + \beta_3 Hightech_{it}$$
$$+ \beta_4 Control_{it} + \sum_t Year_t + \sum_i Industry_i + \varepsilon_{it} \tag{7-1}$$

其中,被解释变量 $Innovation_{it}$ 为企业创新投入与创新产出指标,具体指标同第 6 章保持一致;主要解释变量 $Strategy_i$ 为企业是否为策略性企业的虚拟变量,$Hightech_{it}$ 为企业是否为高新技术企业的虚拟变量,$Control_{it}$ 为一系列可能影响企业创新活动的指标,具体指标同第 6 章保持一致。ε_{it} 为随机干扰项。

由于 $Strategy_i$ 为不随时间变化的企业特征变量,上述模型无法进行固定效应回归,而随机效应回归则需要满足较强的假设,否则将无法得到一致估计量。考虑到上述问题,采取手动加入产业和时间双固定效应的最小二乘回归来对模型进行估计,加入一系列年份虚拟变量 $\sum_t Year_t$,并根据企业所在行业二位代码加入行业虚拟变量 $\sum_i Industry_i$。

同模型 6-1 和 6-2 类似,需要考虑高新技术企业虚拟变量的内生性问题,本书使用两种处理方式。首先,延续第 6 章处理内生性的办法,使用工具变量法进行回归。使用企业所在行业高新技术企业比例的一阶滞后指标和所在区县生均教师数指标作为 $Hightech_{it}$ 的工具变量,并将上述两个指标分别同 $Strategy_i$ 指标相乘,将相乘后的指标作为交乘项 $Strategy_i Hightech_{it}$ 的工具变量。其次,使用在样本期间通过高新技术企业认定的企业子样本进行回归,避免出现高新技术企业的创新能力明显高于其他企业的问题。

最后,由于高新技术企业的主要技术领域必须在《国家重点支持的高新技术领域》内,同第 6.3 节的处理方法相同,依据行业二位代码删除行业内高新技术企业样本数不足 10 个,即高新技术企业数仅为 1—2 家的行业样本。

（2）动态分析。

为了深入探究策略性企业在政策申请过程与政策执行期间的创新活动特征，对上述基础模型做进行动态分析，构建如下模型：

$$Innovation_{it} = \beta_0 + \beta_1 Strategy_i + \beta_2 \sum_k Strategy_i \, HTyear_{k,it} +$$

$$\beta_3 \sum HTyear_{it} + \beta_4 Control_{it} + \qquad (7\text{-}2)$$

$$\sum_t Year_t + \sum_i Industry_i + \varepsilon_{it}$$

即在模型 7-1 的基础上，将指标 $Hightech_{it}$ 替换为一系列高新技术企业认定相对年份的虚拟变量 $HTyear_{k,it}$，其中 k 代表相对年份，将企业获得高新技术企业认定当年作为参照节点，分别取认定前 3 年以上、认定前 3 年、认定前 2 年、认定前 1 年、认定第 2 年、认定第 3 年、认定 3 年以上共七个虚拟变量，当企业处于虚拟变量所对应的相对年份时，取值为 1。对于在观测期间内未被认定为高新技术企业的样本，所有指标均取值为 0。模型的其他变量代表的含义不变。

7.2　策略性行为对创新激励政策效果的影响

7.2.1　静态分析

本节借助模型 7-1 对策略性行为的影响进行静态分析，首先使用研发投资额、研发投资增速、研发人员数和研发人员占比四项创新投入指标进行实证检验。表 7-1 汇报了对全样本的回归结果，策略性企业同高新技术企业两个指标的交乘项系数均显著为负，说明策略性企业在成为高新技术企业后的创新投入不论在资金方面还是人力方面均小于其他企业，即企业的策略性行为削弱了高新技术企业认定政策的创新激励效果。上述结论在不同的策略性企业识别标准下都是稳健的，说明不论企业采取何种策略性手段，均会对政策效果带来损失。

表 7-1　策略性行为对政策鼓励研发投入效果的影响（全样本）

变量	(1) 研发投资额	(2) 研发投资增速	(3) 研发人员数	(4) 研发人员占比
子表 1：专利数量标准（临界值 2）				
策略性企业 * 高企	−0.762 ***	−0.221 ***	−0.338 ***	−0.0924 ***
	(0.0298)	(0.0691)	(0.0142)	(0.00371)
观测值	102 557	50 443	102 431	103 001
R 方	0.658	0.030	0.611	0.285
子表 2：专利数量标准（临界值 5）				
策略性企业 * 高企	−0.974 ***	−0.142 *	−0.422 ***	−0.0916 ***
	(0.0336)	(0.0822)	(0.0162)	(0.00416)
观测值	102 557	50 443	102 431	103 001
R 方	0.657	0.030	0.610	0.284
子表 3：研发投入标准				
策略性企业 * 高企	−2.135 ***	−0.484 ***	−0.738 ***	−0.133 ***
	(0.0310)	(0.0694)	(0.0150)	(0.00414)
观测值	102 557	50 443	102 431	103 001
R 方	0.674	0.031	0.617	0.297
子表 4：合规性标准				
策略性企业 * 高企	−2.235 ***	−0.0660	−0.802 ***	−0.187 ***
	(0.0390)	(0.0854)	(0.0178)	(0.00465)
观测值	102 557	50 443	102 431	103 001
R 方	0.673	0.030	0.619	0.295
子表 5：同时考虑三项标准				
策略性企业 * 高企	−1.836 ***	−0.167	−0.717 ***	−0.116 ***
	(0.0879)	(0.213)	(0.0386)	(0.00955)
观测值	102 557	50 443	102 431	103 001
R 方	0.653	0.030	0.607	0.282

注：*** 、* 分别表示在 1% 及 10% 水平上显著，括号中为聚类稳健标准误。

　　继续使用工具变量法和子样本回归来处理内生性问题。表 7-2 汇报了工具变量法的回归结果，所选的工具变量通过了弱工具变量检验和过度识别检验。

表 7 - 3 则汇报了对在样本期间内通过高新技术企业认定的子样本的回归结果。其中,工具变量法的回归结果完全支持上文结论,子样本的回归结果则系数数值和显著性均略有降低,整体而言两组回归均支持"企业策略性行为削弱了高新技术企业认定政策在企业创新投入方面的积极效果"的结论。策略性企业开展创新活动的重要原因之一便是操纵创新信号,此类企业在获得政策支持后便不再需要继续对外发送创新信号,不需要维持较高的创新投入和产出。另一方面,由于策略性企业的创新能力低于其他高新技术企业,企业在创新活动上的投入可能相对较低,由于高新技术企业认定政策并未要求将税收优惠金额投入创新活动,策略性企业可能将税收优惠金额用于其他方面的经营活动。上述两个原因均会导致策略性企业在获得政策支持后的创新投入低于其他企业。

表 7 - 2　策略性行为对政策鼓励研发投入效果的影响(全样本 IV)

变量	(1) 研发投资额	(2) 研发投资增速	(3) 研发人员数	(4) 研发人员占比
子表 1:专利数量标准(临界值 2)				
策略性企业 * 高企	−2.263 ***	−0.616 ***	−0.810 ***	−0.252 ***
	(0.116)	(0.157)	(0.0468)	(0.0178)
观测值	70 142	50 442	70 011	70 493
一阶段 F 值	150.3	85.60	150.5	150.3
子表 2:专利数量标准(临界值 5)				
策略性企业 * 高企	−2.986 ***	−0.753 ***	−1.105 ***	−0.320 ***
	(0.173)	(0.194)	(0.0682)	(0.0259)
观测值	70 142	50 442	70 011	70 493
一阶段 F 值	145.7	84.21	146.0	145.8
子表 3:研发投入标准				
策略性企业 * 高企	−3.886 ***	−0.539 ***	−1.290 ***	−0.311 ***
	(0.104)	(0.134)	(0.0423)	(0.0162)
观测值	70 142	50 442	70 011	70 493
一阶段 F 值	171.3	95.16	172.0	172.1
子表 4:合规性标准				
策略性企业 * 高企	−7.461 ***	−2.263 ***	−2.328 ***	−0.851 ***

（续表）

变量	(1) 研发投资额	(2) 研发投资增速	(3) 研发人员数	(4) 研发人员占比
	(0.227)	(0.340)	(0.0851)	(0.0355)
观测值	70 142	50 442	70 011	70 493
一阶段 F 值	161.8	81.86	163.5	162.3
子表 5：同时考虑三项标准				
策略性企业 * 高企	−12.09 ***	−3.800 ***	−3.937 ***	−1.289 ***
	(1.167)	(0.866)	(0.403)	(0.155)
观测值	70 142	50 442	70 011	70 493
一阶段 F 值	147.2	84.16	147.8	147.5

注：*** 表示在 1% 水平上显著，括号中为聚类稳健标准误。

表 7-3　策略性行为对政策鼓励研发投入效果的影响（子样本）

变量	(1) 研发投资额	(2) 研发投资增速	(3) 研发人员数	(4) 研发人员占比
子表 1：专利数量标准（临界值 2）				
策略性企业 * 高企	−0.100 *	−0.370 **	−0.0218	−0.0204 ***
	(0.0581)	(0.155)	(0.0272)	(0.00639)
观测值	38 618	30 349	38 467	38 976
R 方	0.419	0.035	0.418	0.258
子表 2：专利数量标准（临界值 5）				
策略性企业 * 高企	−0.0821	−0.269	0.0114	−0.0127 *
	(0.0621)	(0.169)	(0.0293)	(0.00670)
观测值	38 618	30 349	38 467	38 976
R 方	0.419	0.035	0.418	0.257
子表 3：研发投入标准				
策略性企业 * 高企	−0.483 ***	−0.371 **	−0.154 ***	−0.0197 ***
	(0.0587)	(0.146)	(0.0274)	(0.00653)
观测值	38 618	30 349	38 467	38 976
R 方	0.421	0.036	0.420	0.253

（续表）

变量	(1) 研发投资额	(2) 研发投资增速	(3) 研发人员数	(4) 研发人员占比
子表 4：合规性标准				
策略性企业 * 高企	−0.222 ***	0.642 ***	−0.0561 **	−0.0397 ***
	(0.0604)	(0.141)	(0.0281)	(0.00651)
观测值	38 618	30 349	38 467	38 976
R 方	0.425	0.037	0.425	0.259
子表 5：同时考虑三项标准				
策略性企业 * 高企	−0.405 ***	0.0952	−0.0836 *	−0.0283 ***
	(0.0974)	(0.227)	(0.0435)	(0.0105)
观测值	38 618	30 349	38 467	38 976
R 方	0.419	0.034	0.419	0.254

注：*** 、** 、* 分别表示在 1%、5% 及 10% 水平上显著，括号中为聚类稳健标准误。

进一步考虑企业策略性行为在创新产出方面的影响，表 7-4 汇报了对全样本的回归结果。

在表 7-4 的结果中，从专利数量来看，策略性企业在成为高新技术企业后专利的申请和授权数均低于其他高新技术企业。分专利类型来看，不同识别标准下发明专利和非发明专利的申请和授权情况略有差异，但整体来说专利数量偏低更多是由于非发明专利数量低所导致的。当使用非发明专利同发明专利的比值作为被解释变量时，回归结果显著为负数，说明尽管创新产出数量下降，策略性企业在成为高新技术企业之后的创新质量却表现出明显提升。

表 7 - 4 策略性行为对政策鼓励研发产出效果的影响（全样本）

变量	(1) 专利 申请数	(2) 发明专利 申请数	(3) 非发明专利 申请数	(4) 专利 授权数	(5) 发明专利 授权数	(6) 非发明专 利授权数	(7) 非发明/发明
子表 1：专利数量标准（临界值 2）							
策略性企业 * 高企	-0.0573 ***	-0.0824 ***	0.0118	-0.0306 ***	0.0657 ***	-1.957 ***	-0.0573 ***
	(0.0101)	(0.0138)	(0.0134)	(0.00663)	(0.0137)	(0.429)	(0.0101)
观测值	102 173	102 173	102 173	102 173	102 173	100 908	102 173
R 方	0.375	0.372	0.444	0.453	0.318	0.165	0.375
子表 2：专利数量标准（临界值 5）							
策略性企业 * 高企	-0.286 ***	-0.0338 ***	-0.246 ***	-0.0914 ***	-0.0413 ***	-0.0452 ***	-6.276 ***
	(0.0165)	(0.0111)	(0.0163)	(0.0162)	(0.00741)	(0.0164)	(0.595)
观测值	102 173	102 173	102 173	102 173	102 173	102 173	100 908
R 方	0.459	0.379	0.361	0.441	0.453	0.311	0.210
子表 3：研发投入标准							
策略性企业 * 高企	-0.0254 *	-0.0215 **	-0.0144	-0.0367 ***	0.0107	-0.0446 ***	-0.00140
	(0.0145)	(0.0107)	(0.0136)	(0.0132)	(0.00696)	(0.0134)	(0.368)
观测值	102 173	102 173	102 173	102 173	102 173	102 173	100 908
R 方	0.425	0.371	0.281	0.41	0.450	0.269	0.078
子表 4：合规性标准							

（续表）

变量	(1) 专利 申请数	(2) 发明专利 申请数	(3) 非发明专利 申请数	(4) 专利 授权数	(5) 发明专利 授权数	(6) 非发明专 利授权数	(7) 非发明/发明
策略性企业 * 高企	−0.0528 ***	−0.0200 *	−0.0423 ***	−0.141 ***	−0.0135 *	−0.136 ***	−0.789 *
	(0.0164)	(0.0119)	(0.0154)	(0.0151)	(0.00772)	(0.0153)	(0.413)
观测值	102 173	102 173	102 173	102 173	102 173	102 173	100 908
R 方	0.425	0.371	0.282	0.415	0.451	0.270	0.079
子表 5：同时考虑三项标准							
策略性企业 * 高企	−0.253 ***	0.0177	−0.265 ***	−0.259 ***	0.0248	−0.271 ***	−7.021 ***
	(0.0405)	(0.0249)	(0.0403)	(0.0394)	(0.0169)	(0.0400)	(1.423)
观测值	102 173	102 173	102 173	102 173	102 173	102 173	100 908
R 方	0.427	0.372	0.288	0.416	0.451	0.272	0.087

注：***、**、* 分别表示在 1%、5% 及 10% 水平上显著，括号中为表类稳健标准误。

　　表7-5和表7-6分别汇报了采用工具变量法和子样本的回归结果。从结果中看出,对于通过专利数量标准识别的策略性企业,其专利申请数和授权数均低于其他高新技术企业,但发明专利申请数显著提升,整体来看单位专利蕴含的技术水平显著高于其他企业。对于研发投入标准,工具变量法的回归结果表明策略性企业的专利申请和授权数均低于其他高新技术企业,且主要是由于非发明专利数量较低造成,子样本的回归结果则发现专利数量和结构均没有显著变化。但对于合规性标准,工具变量法的回归结果指出存在非发明专利数的增加,子样本回归结果则指出专利申请数无影响,专利授权数出现下降。出现上述结果的原因可能是由企业策略性行为的不同模式所导致的,大规模申请非发明专利专利的策略性企业在获得政策优惠后无需继续维持高专利数量,反而转为开展实质性创新。其他两类策略性行为则可能对创新活动不敏感,因此发明专利数量未产生显著变化。

7.2.2　动态分析

　　进一步通过模型7-2探究企业在申请阶段的策略性行为对高新技术企业认定政策的动态影响。为了节省空间,仅针对通过专利数量标准识别出的策略性企业进行详细讨论,并汇报选取临界值为2时的回归结果,研发投入标准和合规性标准的动态分析结果并未出现本质变化,因此暂未详细汇报。

　　首先考虑企业策略性行为在创新资金和人力投入方面的动态影响,回归结果见表7-7。可见策略性企业的创新资金和人力投入规模普遍高于其他企业,但创新资金投入的增速则低于其他企业。从成为高新技术企业的相对年份来看,策略性企业在成为高新技术企业的前2—3年的创新资金和人力投入存在明显提高,在成为高新技术企业后则略有降低。对此的可能解释为企业需要提前进行研发资金投入,以资助生产非发明专利的创新活动。

表 7-5 策略性行为对政策鼓励研发产出效果的影响（全样本 IV）

变量	(1) 专利申请数	(2) 发明专利申请数	(3) 非发明专利申请数	(4) 专利授权数	(5) 发明专利授权数	(6) 非发明专利授权数	(7) 非发明/发明
子表 1：专利数量标准（临界值 2）							
策略性企业 * 高企	-0.120 ***	0.187 ***	-0.0355	-0.0124	0.00898	-0.00182	-6.123 ***
	(0.0434)	(0.0304)	(0.0426)	(0.0402)	(0.0210)	(0.0413)	(1.215)
观测值	69 813	69 813	69 813	69 813	69 813	69 813	68 837
一阶段 F 值	225.8	225.6	225.8	225.8	225.8	225.8	224.0
子表 2：专利数量标准（临界值 5）							
策略性企业 * 高企	-0.334 ***	0.197 ***	-0.273 ***	-0.280 ***	-0.0188	-0.302 ***	-3.243 *
	(0.0577)	(0.0391)	(0.0577)	(0.0552)	(0.0267)	(0.0567)	(1.888)
观测值	69 813	69 813	69 813	69 813	69 813	69 813	68 837
一阶段 F 值	225.6	225.6	225.6	225.6	225.6	225.6	223.5
子表 3：研发投入标准							
策略性企业 * 高企	-0.132 ***	-0.0204	-0.137 ***	-0.158 ***	0.0193	-0.177 ***	-1.765
	(0.0412)	(0.0292)	(0.0405)	(0.0377)	(0.0201)	(0.0388)	(1.103)
观测值	69 813	69 813	69 813	69 813	69 813	69 813	68 837
一阶段 F 值	256.8	256.8	256.8	256.8	256.8	256.8	253.0

（续表）

变量	(1)专利申请数	(2)发明专利申请数	(3)非发明专利申请数	(4)专利授权数	(5)发明专利授权数	(6)非发明专利授权数	(7)非发明/发明
子表4：合规性标准							
策略性企业*高企	0.237***	−0.122***	0.334***	−0.0875	−0.168***	0.0665	11.68***
	(0.0666)	(0.0451)	(0.0665)	(0.0593)	(0.0316)	(0.0619)	(1.776)
观测值	69 813	69 813	69 813	69 813	69 813	69 813	68 837
一阶段 F 值	226.3	226.3	226.3	226.3	226.3	226.3	223.7
子表5：同时考虑三项标准							
策略性企业*高企	−0.175	0.107	−0.308	−0.767***	0.138	−0.949***	1.588
	(0.222)	(0.147)	(0.225)	(0.208)	(0.101)	(0.215)	(7.401)
观测值	69 813	69 813	69 813	69 813	69 813	69 813	68 837
一阶段 F 值	227.7	227.7	227.7	227.7	227.7	227.7	225.8

注：***、*分别表示在 1%及 10%水平上显著，括号中为聚类稳健标准误。

表 7 - 6 策略性行为对政策鼓励研发产出效果的影响（子样本）

变量	(1) 专利申请数	(2) 发明专利申请数	(3) 非发明专利申请数	(4) 专利授权数	(5) 发明专利授权数	(6) 非发明专利授权数	(7) 非发明/发明
子表 1：专利数量标准（临界值 2）							
策略性企业 * 高企	−0.214 ***	0.0550 ***	−0.246 ***	−0.129 ***	−0.0240 **	−0.0955 ***	−9.241 ***
	(0.0255)	(0.0179)	(0.0245)	(0.0243)	(0.0115)	(0.0247)	(0.865)
观测值	38 269	38 269	38 269	38 269	38 269	38 269	37 179
R 方	0.299	0.286	0.253	0.306	0.393	0.218	0.125
子表 2：专利数量标准（临界值 5）							
策略性企业 * 高企	−0.207 ***	0.0985 ***	−0.249 ***	−0.143 ***	−0.0344 ***	−0.103 ***	−12.49 ***
	(0.0281)	(0.0185)	(0.0278)	(0.0275)	(0.0124)	(0.0281)	(1.100)
观测值	38 269	38 269	38 269	38 269	38 269	38 269	37 179
R 方	0.293	0.291	0.239	0.301	0.393	0.208	0.158
子表 3：研发投入标准							
策略性企业 * 高企	0.00197	0.00509	0.00145	−0.0181	0.0126	−0.0255	−0.284
	(0.0252)	(0.0183)	(0.0238)	(0.0228)	(0.0114)	(0.0231)	(0.700)
观测值	38 269	38 269	38 269	38 269	38 269	38 269	37 179
R 方	0.275	0.278	0.190	0.282	0.390	0.179	0.060

（续表）

变量	(1) 专利申请数	(2) 发明专利申请数	(3) 非发明专利申请数	(4) 专利授权数	(5) 发明专利授权数	(6) 非发明专利授权数	(7) 非发明/发明
子表 4：合规性标准							
策略性企业 * 高企	0.0192	−0.00320	0.0202	−0.104 ***	−0.0226 **	−0.100 ***	1.824 ***
	(0.0248)	(0.0181)	(0.0235)	(0.0226)	(0.0113)	(0.0230)	(0.681)
观测值	38 269	38 269	38 269	38 269	38 269	38 269	37 179
R 方	0.276	0.279	0.189	0.283	0.390	0.180	0.061
子表 5：同时考虑三项标准							
策略性企业 * 高企	−0.115 **	0.0888 ***	−0.163 ***	−0.159 ***	0.0246	−0.177 ***	−6.404 ***
	(0.0465)	(0.0296)	(0.0467)	(0.0462)	(0.0200)	(0.0471)	(1.733)
观测值	38 269	38 269	38 269	38 269	38 269	38 269	37 179
R 方	0.276	0.280	0.194	0.283	0.390	0.181	0.069

注：***、**、* 分别表示在 1%、5% 及 10% 水平上显著，括号中为聚类稳健标准误。

表 7-7 策略性行为对政策鼓励研发投入效果的动态影响

变量	(1) 研发投资额	(2) 研发投资增速	(3) 研发人员数	(4) 研发人员占比
是否为策略企业	-0.267	0.756	-0.213 ***	-0.0242
	(0.187)	(0.613)	(0.0800)	(0.0168)
策略 * 高企前 3 年	0.735 ***	-0.0454	0.335 ***	0.0197
	(0.265)	(0.813)	(0.114)	(0.0257)
策略 * 高企前 2 年	0.829 ***	-0.314	0.408 ***	0.0131
	(0.226)	(0.742)	(0.0983)	(0.0213)
策略 * 高企前 1 年	0.318	-0.561	0.165 *	-0.00685
	(0.195)	(0.664)	(0.0865)	(0.0188)
策略 * 高企认定当年	0.338 *	-0.969	0.156 *	-0.0171
	(0.190)	(0.623)	(0.0823)	(0.0176)
策略 * 高企第 2 年	0.284	-0.768	0.175 **	-0.0126
	(0.189)	(0.614)	(0.0822)	(0.0176)
策略 * 高企第 3 年	0.334 *	-0.753	0.225 ***	-0.0151
	(0.190)	(0.615)	(0.0827)	(0.0177)
策略 * 高企 3 年以后	0.330 *	-0.778	0.210 ***	-0.0196
	(0.188)	(0.612)	(0.0809)	(0.0171)
高企前 3 年	0.828 ***	0.318	0.198 ***	0.0515 ***
	(0.165)	(0.318)	(0.0718)	(0.0161)
高企前 2 年	1.050 ***	0.229	0.304 ***	0.0583 ***
	(0.144)	(0.319)	(0.0629)	(0.0138)
高企前 1 年	1.948 ***	0.728 ***	0.667 ***	0.110 ***
	(0.119)	(0.265)	(0.0535)	(0.0124)
高企认定当年	2.102 ***	0.0944	0.722 ***	0.137 ***
	(0.114)	(0.228)	(0.0501)	(0.0115)
高企第 2 年	2.130 ***	-0.354	0.717 ***	0.146 ***
	(0.114)	(0.220)	(0.0508)	(0.0117)
高企第 3 年	2.095 ***	-0.414 *	0.701 ***	0.156 ***
	(0.116)	(0.218)	(0.0522)	(0.0120)
高企 3 年以后	2.061 ***	-0.443 **	0.726 ***	0.167 ***
	(0.115)	(0.218)	(0.0515)	(0.0118)

变量	(1) 研发投资额	(2) 研发投资增速	(3) 研发人员数	(4) 研发人员占比
控制变量	Yes	Yes	Yes	Yes
行业异质性	Yes	Yes	Yes	Yes
时间异质性	Yes	Yes	Yes	Yes
常数项	−1.837 ***	1.409 ***	−1.869 ***	0.676 ***
	(0.291)	(0.350)	(0.119)	(0.0686)
观测值	38 622	30 350	38 467	38 976
R 方	0.444	0.040	0.427	0.263

注：***、**、* 分别表示在 1%、5%及 10%水平上显著,括号中为聚类稳健标准误。

　　企业策略性行为在创新产出方面的动态影响,回归结果见表 7 - 8。总体而言策略性企业的发明专利申请和授权数均低于其他企业,非发明专利申请和授权数在各个年份均高于其他企业,专利比在各年均低于其他企业。从各指标在高新技术企业认定相对年份的动态影响来看,则发现策略性企业在认定前一年的非发明专利申请和授权数显著升高,在通过认定后则逐年降低,同时企业发明专利数随着非发明专利数的增加而下降,在非发明专利数下降后又恢复至原有水平。上述现象说明两个事实:其一,企业大规模申请非发明专利并非一种长期行为,也不是特定类型企业的创新特征,而是在高新技术企业认定申请阶段临时性开展的策略性行为。其二,此类策略性行为的开展对实质性创新活动存在挤出作用,即存在"创新质量换数量"的现象。

表 7 - 8　策略性行为对政策鼓励研发产出效果的动态影响

变量	(1) 专利申请数	(2) 发明专利申请数	(3) 非发明专利申请数	(4) 专利授权数	(5) 发明专利授权数	(6) 非发明专利授权数	(7) 非发明/发明
是否为策略企业	0.0627	−0.0426	0.0849**	0.104***	0.0230	0.0644*	2.434***
	(0.0398)	(0.0287)	(0.0366)	(0.0355)	(0.0203)	(0.0341)	(0.923)
策略*高企前3年	0.340***	−0.123**	0.471***	0.203***	−0.0501	0.265***	10.33***
	(0.0745)	(0.0518)	(0.0708)	(0.0675)	(0.0332)	(0.0670)	(2.010)
策略*高企前2年	0.385***	−0.231***	0.616***	0.296***	−0.0712**	0.385***	13.96***
	(0.0643)	(0.0462)	(0.0611)	(0.0588)	(0.0291)	(0.0586)	(1.692)
策略*高企前1年	0.885***	−0.229***	1.162***	0.661***	−0.0985***	0.796***	35.77***
	(0.0547)	(0.0403)	(0.0505)	(0.0514)	(0.0261)	(0.0511)	(1.873)
策略*高企认定当年	0.350***	−0.122***	0.506***	0.362***	−0.0797***	0.459***	13.53***
	(0.0468)	(0.0340)	(0.0438)	(0.0428)	(0.0234)	(0.0420)	(1.221)
策略*高企第2年	0.289***	−0.0844**	0.413***	0.209***	−0.0815***	0.300***	9.154***
	(0.0466)	(0.0340)	(0.0434)	(0.0423)	(0.0234)	(0.0413)	(1.129)
策略*高企第3年	0.254***	−0.136***	0.416***	0.193***	−0.100***	0.313***	10.09***
	(0.0479)	(0.0351)	(0.0447)	(0.0435)	(0.0245)	(0.0426)	(1.188)
策略*高企3年以后	0.237***	−0.114***	0.399***	0.177***	−0.109***	0.326***	8.697***
	(0.0428)	(0.0312)	(0.0396)	(0.0386)	(0.0221)	(0.0375)	(1.012)

（续表）

变量	（1）专利申请数	（2）发明专利申请数	（3）非发明专利申请数	（4）专利授权数	（5）发明专利授权数	（6）非发明专利授权数	（7）非发明/发明
高企前 3 年	0.0119	0.0788***	−0.0358	−0.0202	−0.00758	−0.0229	−2.631***
	(0.0364)	(0.0290)	(0.0282)	(0.0254)	(0.0156)	(0.0251)	(0.353)
高企前 2 年	0.132***	0.213***	−0.0117	0.0356	0.0289*	−0.0129	−3.421***
	(0.0351)	(0.0287)	(0.0273)	(0.0270)	(0.0149)	(0.0257)	(0.333)
高企前 1 年	0.0729**	0.202***	−0.0506*	0.146***	0.0568***	0.0820***	−5.461***
	(0.0334)	(0.0271)	(0.0266)	(0.0267)	(0.0147)	(0.0260)	(0.401)
高企认定当年	0.0768***	0.117***	−0.00238	0.124***	0.0364***	0.0789***	−2.614***
	(0.0276)	(0.0224)	(0.0224)	(0.0222)	(0.0124)	(0.0213)	(0.459)
高企第 2 年	0.00339	0.0674***	−0.0441*	0.0592**	0.0127	0.0302	−3.513***
	(0.0288)	(0.0232)	(0.0235)	(0.0234)	(0.0132)	(0.0225)	(0.483)
高企第 3 年	0.0790**	0.0890***	0.0251	0.128***	0.0315**	0.0900***	−2.138***
	(0.0307)	(0.0247)	(0.0255)	(0.0254)	(0.0146)	(0.0246)	(0.558)
高企 3 年以后	−0.0215	0.0477**	−0.0506**	0.0703***	0.0215	0.0297	−4.296***
	(0.0294)	(0.0236)	(0.0243)	(0.0253)	(0.0140)	(0.0238)	(0.566)
控制变量	Yes	Yes	Yes	Yes	Yes	Yes	Yes
行业异质性	Yes	Yes	Yes	Yes	Yes	Yes	Yes
时间异质性	Yes	Yes	Yes	Yes	Yes	Yes	Yes

（续表）

变量	(1) 专利申请数	(2) 发明专利申请数	(3) 非发明专利申请数	(4) 专利授权数	(5) 发明专利授权数	(6) 非发明专利授权数	(7) 非发明/发明
常数项	0.174	0.274	−0.0738	−0.379*	0.0426	−0.713***	−16.37***
	(0.236)	(0.201)	(0.310)	(0.220)	(0.230)	(0.245)	(2.377)
观测值	38 273	38 273	38 273	38 273	38 273	38 273	37 183
R方	0.308	0.287	0.265	0.314	0.393	0.226	0.142

注：***，**，* 分别表示在1%、5%及10%水平上显著，括号中为聚类稳健标准误。

　　将上述回归中交乘项系数按年份排列并绘成趋势图,见下图7-2和图7-3,图中各年份对应的实点代表当年回归系数数值,穿过实点的竖直线段则为回归系数的置信区间。如图所示,策略性企业在成为高新技术企业之前2—3年大幅提高研发资金和人员投入,随后发明专利数下降、非发明专利数显著上升。在策略性企业通过高新技术企业认定后,其非发明专利数和发明专利数回归正常水平,同时研发资金和人员投入也均下降。同时,当企业获得政策优惠后,策略性企业的研发产出同政策前的较早年份未发生太大变化,说明策略性企业获得政策优惠后,可能不会将其用于创新活动,因此降低了高新技术企业认定政策的创新激励效果。

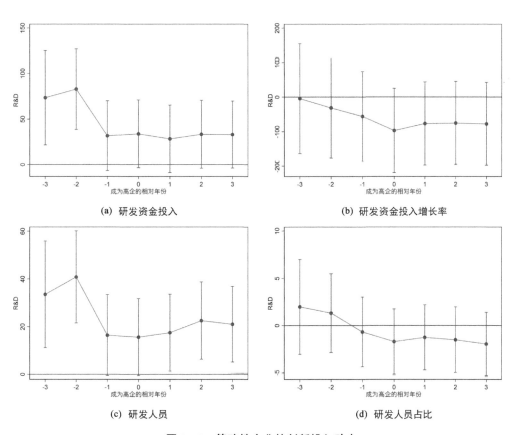

(a) 研发资金投入　　　　　　　　(b) 研发资金投入增长率

(c) 研发人员　　　　　　　　　　(d) 研发人员占比

图7-2　策略性企业的创新投入动态

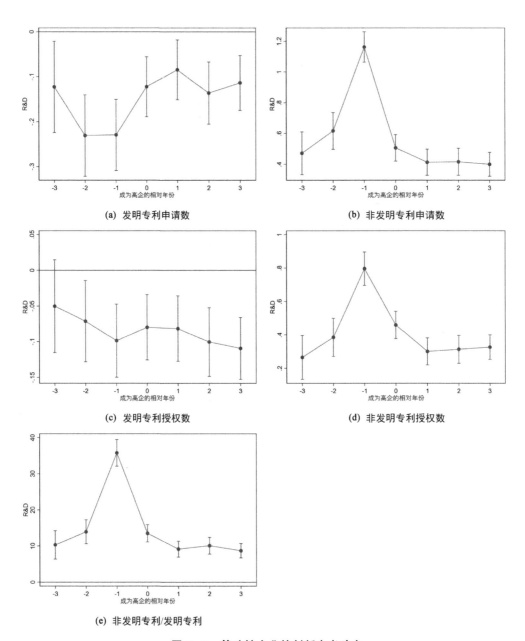

(a) 发明专利申请数

(b) 非发明专利申请数

(c) 发明专利授权数

(d) 非发明专利授权数

(e) 非发明专利/发明专利

图 7-3 策略性企业的创新产出动态

7.3　本章小结

本章首先通过专利数量标准、研发投入标准和合规性标准识别策略性企业，然后从静态和动态两个维度分析了企业在申请阶段的策略性行为对高新技术企业认定政策的影响。

静态分析结果表明，企业策略性行为削弱了高新技术企业认定政策的创新激励效果。策略性企业通过高新技术企业认定后，其创新资金和人员投入无论从绝对指标还是相对指标上均低于其他高新技术企业，创新产出数量也低于其他企业。从创新产出类型和结构来看，创新产出数量的降低主要是由于非发明专利数的降低，发明专利数甚至可能略有增加，因此单位专利蕴含的技术含量也存在小幅提升。同动态分析结果相比对，则发现策略性企业在成为高新技术企业后发明专利数量提升可能是由于企业停止策略性行为，对非发明专利的需求降低，有更多资源开展实质性创新活动带来的结果。

动态分析以专利数量标准识别出的策略性企业为研究对象，讨论其在获得高新技术企业认定前后各年份的创新动态。回归结果提供了三条结论：①策略性企业的非发明专利数仅在认定前一年大幅增加，通过认定后立即回归正常水平，而非在所有年份均偏高。这表明大量申请非发明专利是企业为获取政策优惠而临时开展的策略性行为，而并非由于此类企业的常规创新活动产出以非发明专利为主。②企业在认定前非发明专利数量增加的同时，发明专利数量减少，表明企业策略性行为将挤出实质性创新，存在"创新质量换数量"的现象。③企业创新投入仅在认定前升高，当企业获得政策优惠后，策略性企业的研发产出同政策前的较早年份未发生太大变化，说明策略性企业获得政策优惠后，可能不会将其用于创新活动，因此降低了高新技术企业认定政策的创新激励效果。

8 影响企业策略性行为的外部环境因素

本章进一步探究影响企业策略性行为的外部环境因素,依据前文提出的"政府对创新指标的偏好和不完善的市场环境是企业策略性行为产生的推动因素"这一观点,考虑提升政府创新治理水平和加快市场化进程两方面措施能否在一定程度上减少企业通过开展策略性行为而获得政策优惠的现象。

8.1 提升创新治理水平

企业策略性行为的产生同政府的管理模式存在密切关系。目前中国政府推动创新主要依靠创新政策和制度的制定和执行等"硬"工具,而缺乏引导和协商等"软"工具,使得企业真正的创新需求无法及时反馈,两者之间存在"信息黑箱"。同时中国的科技创新评价体系及创新项目选择机制往往具有"重投资、重数量"的特征,官员为了通过地方科技发展考核要求,往往偏好选择创新投入数量多、创新产出规模大的企业给与政策支持,使得企业盲目追求高投入与高产出。因此,减少企业策略性行为可从转变政府介入企业创新的方式入手,从创新管理向创新治理转变。政府的创新治理是通过一系列正式的创新政策的制定和执行以及推进形成非正式的契约关系来协调关于创新的各项事务(陈套,王英俭,程艳,2018)。提升政府创新治理能力一方面能够使得政府决策更为科学化,可以弱化创新投入产出指标在政府决策和创新评价中的比重,更为关注地区长期发展;另一方面能够通过多元主体协商治理,推动政府、科研机构、中介和企业的多方合作,使得政策制定更为合理、更加丰富。上述两方面均客观上减弱了企业开展策略性创新的动机和必要性。

8.1.1　模型与变量

（1）模型构建。

已有研究大都侧重于对创新治理的论述及创新治理指标体系的构建，关于创新治理的实证分析较少。其中孙刚，孙红，朱凯（2016）是较早的涉及创新治理的实证研究，他们通过政府对市场的干预强度来衡量创新治理能力；陈套（2016）则从创新治理的效果出发，利用地区创新能力和地区科普强度侧面反映创新治理能力。考虑到创新能力指标不适用于在企业层面模型中衡量创新治理，地区科普强度则只有 2012 年的截面数据，因此先借助孙刚，孙红，朱凯（2016）的方法，以政府干预作为创新治理能力的代理变量构建基础模型进行探究，然后选择中国政府"推进国家治理体系和治理能力现代化"改革作为事件冲击，通过双重差分法验证上述结论。首先构建如下模型：

$$
\begin{aligned}
Hightech_{it} = \beta_0 + \beta_1\,Strategy_i + \beta_2\,Strategy_i \cdot Governance_t + \\
\beta_3\,Governance_t + \beta_4\,Controls_{it} + \sum_t Year_t + \varepsilon_{it}
\end{aligned} \tag{8-1}
$$

其中，被解释变量 $Hightech_{it}$ 为企业是否为高新技术企业的虚拟变量；主要解释变量中 $Strategy_i$ 为企业是否为策略性企业的虚拟变量，策略性企业的识别方法不变；$Governance_t$ 是政府创新治理能力，采用王小鲁等（2017）在《中国市场化指数报告》中披露的"减少政府对市场干预"指数来衡量，该指数越高说明政府对市场干预越少。$Controls_{it}$ 为控制变量，指标选取同前文保持一致。同时控制了年份固定效应 $\sum_t Year_t$，ε_{it} 为随机干扰项。由于被解释变量为二分类变量，对上述模型进行 Probit 回归，并在个体层面进行聚类。

政府干预程度无法完全体现政府治理能力，因此进一步通过中国治理能力现代化改革作为事件冲击，使用双重差分模型（Difference-in-difference，DID）来探究提升政府创新治理能力对企业策略性行为的约束效果。构建如下 DID 模型：

$$
\begin{aligned}
Hightech_{it} = \beta_0 + \beta_1\,Strategy_i \cdot Post_t + \beta_2\,Strategy_i + \beta_3\,Post_t + \\
\beta_4\,Controls_{it} + \sum_t Year_t + \varepsilon_{it}
\end{aligned} \tag{8-2}
$$

其中 $Post_t$ 为表示事件时间节点的虚拟变量，以 2014 年作为时间节点，其他变量的含义同模型 8-1 相同。由于被解释变量为二分类变量，基于 OLS 回归的传统 DID 模型可能无法得到准确的处理效应，Lechner（2010）提供了通过非线性 DID 模型计算处理效应的方法,因此在进行传统 OLS 回归的同时还提供了对上述模型进行 Probit 回归的结果。同时,为了满足平行趋势假定,在 DID 回归之前先进行 PSM 匹配处理来构造符合平行趋势的样本。

政策时间节点的选择主要参考了国家在党的十八大之后的一系列政策和战略调整。习近平主席在 2014 年提出"推进国家治理体系和治理能力现代化",将制度建设成效转化为国家治理效能,大力开展国家治理能力建设与改革。随着创新驱动发展战略的推进,提升政府创新治理能力是其中的一个重要方面。从上海市自身的创新发展而言,2014 年习近平主席在访问上海时提出"上海要在推进科技创新、实施创新驱动发展战略方面走在全国前头、走到世界前列,加快向具有全球影响力的科技创新中心进军",全面提升科技创新治理能力是上海建设具有全球影响力的科技创新中心的重要保障,上海市在提升创新治理能力方面进行了丰富的研讨与实践(李建军,余伟,高国武,2014)。

(2) 控制变量的选择和样本处理。

主要控制变量依据高新技术企业认定标准进行选择,首先加入高新技术企业的认定基本条件中提及的创新投入和产出指标,包括企业研发投资额,用企业内部用于科技活动的经费支出衡量;研发人员数,用企业内部从事科技活动人员数来衡量;知识产权数,用发明和非发明专利授权数来衡量。同时,控制变量选取还考虑了企业总资产与企业年龄。

此外,考虑到同政府联系较多的企业可能更容易获得政策优惠,在控制变量中加入政企关系指标。已有研究常使用差旅费来衡量政企关系,然而这一指标实际上无法区分企业的正常差旅活动和政府往来,也难以反映在建立新型政商关系的倡导下企业同政府建立的良性关联。Fang 等(2018)提出应从差旅费中剔除用于正常经营活动的支出,即将差旅费对其他影响因素进行回归,使用残差项作为政企关系的代理变量。借鉴这一方法,从企业获取补贴的规模中剔除其他企业特征的影响,余下部分可以较好地衡量政企关系。通过如下模型来计算政企关系:

$$Subsidy_{it} = \beta_0 + \beta_1 Subhist_{it} + \beta_2 Stock_{it} + \beta_3 RDInvest_{it} + \beta_4 RDStaff_{it} +$$
$$\beta_5 Labor_{it} + \beta_6 Asset_{it} + \beta_7 DAratio_{it} + \beta_8 ROA_{it} + \beta_9 Export_{it} \quad (8\text{-}3)$$
$$+ \beta_{10} Age_{it} + Industry_i + Year_t + \mu_{it}$$

其中，$Subsidy_{it}$ 为企业当年获得补贴的金额，企业特征则依次包括企业获得补贴的历史、发明专利存量、当年研发投资额、研发人员数、企业从业人员总数、总资产、资产负债率、资产收益率、是否对外出口和企业年龄。还控制了企业所在产业和年份。使用固定效应模型进行回归，并将回归后的残差项作为政企关系的代理变量。

考虑到 DID 模型要求处理组和控制组之间存在共同趋势，需要进行样本处理。第一，删除不符合高新技术企业基本认定条件的样本。高新技术企业的申请者需要先满足基本认定条件，然后才能够参加下一轮打分，可将符合基本认定条件的企业作为高新技术企业的潜在申请者。不满足基本认定条件的企业不存在申请高新技术企业认定的动机，且可能在创新能力和研发活动方面同潜在申请者存在较大差距，因此从样本中删除。第二，仅保留当年获得认定的高新技术企业样本，删除成为高新技术企业第二年及之后的样本。企业获得高新技术企业的税收优惠后，可能会扩大研发规模、开展难度更高风险更大的研发项目，其研发活动同认定前可能存在差异。且高新技术企业身份可持续至少三年而无需重新认定，因此第二年及之后的样本与分配过程无关，删除这部分样本对本章研究内容并无影响。同时，本章在稳健性检验部分对样本进行倾向值匹配处理做进一步验证。

8.1.2 实证分析结果

首先通过模型(8-1)检验政府创新治理对企业策略性行为的影响，实证结果如表 8-1 所示。回归结果中交乘项系数均显著为负，说明政府开展创新治理能够降低企业通过开展策略性行为获取创新激励政策的可能性。回归结果的数值和显著性在不同的策略性企业识别标准下均保持一致，说明结果是较为稳健的。

表 8-1　创新治理的调节作用

变量	(1) 专利数量标准 （临界值 2）	(2) 专利数量标准 （临界值 5）	(3) 研发投入标准	(4) 合规性标准	(5) 同时考虑 三项标准
策略性企业 * 政府治理	−0.0178 *** (0.00650)	−0.0182 ** (0.00778)	−0.0125 ** (0.00535)	−0.0174 ** (0.00877)	−0.0280 * (0.0153)

（续表）

变量	(1) 专利数量标准 （临界值2）	(2) 专利数量标准 （临界值5）	(3) 研发投入标准	(4) 合规性标准	(5) 同时考虑 三项标准
是否为策略	0.167 ***	0.180 ***	0.185 ***	0.321 ***	0.359 ***
性企业	(0.0552)	(0.0656)	(0.0457)	(0.0723)	(0.124)
政府治理	−0.0418 ***	−0.0438 ***	−0.0381 ***	−0.0218 ***	−0.0385 ***
	(0.00778)	(0.00770)	(0.00769)	(0.00743)	(0.00759)
控制变量	Yes	Yes	Yes	Yes	Yes
年份异质性	Yes	Yes	Yes	Yes	Yes
常数项	−0.0788	−0.0684	−0.102	−0.122	−0.0715
	(0.345)	(0.344)	(0.340)	(0.335)	(0.343)
观测值	21 243	21 243	21 243	21 243	21 243
R方	0.293	0.293	0.301	0.312	0.297

注：*** 、** 、* 分别表示在1%、5%及10%水平上显著，括号中为聚类稳健标准误。

为了进一步验证上述结论，借助习近平主席提出"推进国家治理体系和治理能力现代化"的事件冲击构建双重差分模型，表8-2汇报了回归结果。从表中可看出，策略性企业同政策时间节点两个虚拟变量的交乘项系数在不同策略性企业识别标准下均显著为负，说明国家着力提升创新治理能力的改革显著降低了企业通过策略性行为获取政策优惠的现象，这一结论同表8-1的结果是一致的。

表 8-2　推进国家治理体系和治理能力现代化的政策效应

变量	(1) 专利数量标准 （临界值2）	(2) 专利数量标准 （临界值5）	(3) 研发投入标准	(4) 合规性标准	(5) 同时考虑 三项标准
策略性企业 *	−0.0458 ***	−0.0385 ***	−0.0773 ***	−0.173 ***	−0.161 ***
政府治理	(0.0101)	(0.0118)	(0.00892)	(0.0193)	(0.0338)
是否为策	0.0399 ***	0.0463 ***	0.0894 ***	0.211 ***	0.162 ***
略性企业	(0.00761)	(0.00894)	(0.00609)	(0.0104)	(0.0156)

（续表）

变量	(1) 专利数量标准 （临界值2）	(2) 专利数量标准 （临界值5）	(3) 研发投入标准	(4) 合规性标准	(5) 同时考虑 三项标准
政府治理	−0.0547***	−0.0609***	−0.0296***	−0.0158	−0.0522***
	(0.0107)	(0.0106)	(0.0107)	(0.0102)	(0.0104)
控制变量	Yes	Yes	Yes	Yes	Yes
时间异质性	Yes	Yes	Yes	Yes	Yes
常数项	−0.413***	−0.415***	−0.433***	−0.375***	−0.403***
	(0.134)	(0.134)	(0.134)	(0.133)	(0.134)
观测值	26 275	26 275	26 275	26 275	26 275
R方	0.277	0.277	0.281	0.293	0.280

注：*** 表示在1%水平上显著，括号中为聚类稳健标准误。

双重差分法模型需满足共同趋势假定，即策略性企业和其他企业的认定过程在事件冲击发生前具有共同趋势。为验证这一假定是否成立，分别计算两类企业在不同年份成为高新技术企业的概率，然后计算每年策略性企业同非策略性企业成为高企的概率的差值，并将其绘制成趋势图，见图8-1。从图中可看出，在2013年及之前策略性企业通过认定的比例比非策略性企业高17%左右。从2014年开始，两类企业的概率差距明显缩小，在2015年及之后则维持在6%左右，说明政府创新治理能力的提升的确有助于减少企业通过策略性行为获得政策优惠的现象。

进一步对上述结论进行稳健性检验，为避免高新技术企业认定过程对回归系数造成偏差，首先对原有样本进行PSM匹配，然后使用匹配后样本重新对双重差分模型进行回归。使用上述回归中的全部控制变量作为协变量，依据企业是否为高新技术企业区分处理组与控制组进行一对四匹配。匹配后的结果均通过T检验，说明两组样本具有平衡性，见表8-3。

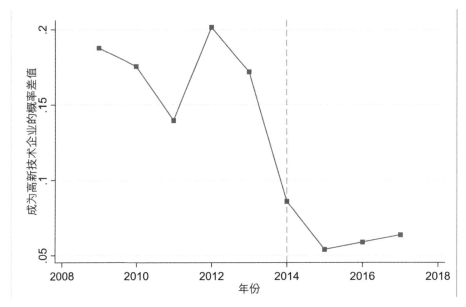

图 8-1　共同趋势检验

表 8-3　平衡性检验

变量	匹配效果			T 检验			
	偏误		偏误	T 值		P 值	
	匹配前	匹配后	减少量	匹配前	匹配后	匹配前	匹配后
专利授权数	46.4%	2.6%	94.4%	35.34	1.16	0	0.247
研发人员数	103.7%	−0.1%	99.9%	70.46	−0.04	0	0.972
研发资金	107.5%	−2.1%	98%	67.36	−1.24	0	0.216
政企关系	8.2%	0.6%	92.9%	5.67	0.3	0	0.767
从业人员数	118.9%	1.8%	98.5%	81.47	0.93	0	0.354
总资产	134.3%	−1.1%	99.2%	87.27	−0.62	0	0.538
资产负债率	−9.5%	−1%	89.3%	−5.73	−0.68	0	0.495
资产利润率	3.1%	0.1%	97.8%	1.68	1.09	0.093	0.276
企业年龄	46.7%	1.8%	96.1%	32.72	0.9	0	0.366
是否出口	42.1%	3.4%	91.9%	32.68	1.53	0	0.125

表 8 - 4 推进国家治理体系和治理能力现代化的政策效应（PSM 筛选样本）

变量	(1) 专利数量标准（临界值2）	(2) 专利数量标准（临界值5）	(3) 研发投入标准	(4) 合规性标准	(5) 同时考虑三项标准
策略性企业 *	−0.0713 ***	−0.0568 ***	−0.125 ***	−0.231 ***	−0.194 ***
政府治理	(0.0163)	(0.0178)	(0.0155)	(0.0225)	(0.0372)
是否为策	0.0603 ***	0.0651 ***	0.139 ***	0.240 ***	0.164 ***
略性企业	(0.0114)	(0.0125)	(0.0106)	(0.0118)	(0.0164)
政府治理	−0.0442 ***	−0.0556 ***	0.00477	0.0193	−0.0455 ***
	(0.0170)	(0.0166)	(0.0173)	(0.0161)	(0.0161)
控制变量	Yes	Yes	Yes	Yes	Yes
时间异质性	Yes	Yes	Yes	Yes	Yes
常数项	−0.403 ***	−0.249	−0.250	−0.283 *	−0.229
	(0.134)	(0.162)	(0.162)	(0.163)	(0.162)
观测值	26 275	14 123	14 123	14 123	14 123
R 方	0.280	0.150	0.150	0.158	0.173

注：*** 、* 分别表示在 1% 及 10% 水平上显著，括号中为聚类稳健标准误。

对上述样本重新进行回归，结果见表 8 - 4，发现回归结果同匹配前无显著变化。由于被解释变量使用"企业是否为高新技术企业"的虚拟变量，传统 OLS 回归可能导致结果偏差，因此继续使用 Probit（概率单位回归）方法对模型 8 - 2 进行回归，回归结果见表 8 - 5，可发现回归结果仍然未发生明显变化，因此认为政府创新治理能力的提升对减少企业策略性行为的影响起到积极效果。

表 8 - 5 推进国家治理体系和治理能力现代化的政策效应（Probitt-DID）

变量	(1) 专利数量标准（临界值2）	(2) 专利数量标准（临界值5）	(3) 研发投入标准	(4) 合规性标准	(5) 同时考虑三项标准
策略性企业 *	−0.189 ***	−0.148 ***	−0.384 ***	−0.705 ***	−0.562 ***
政府治理	(0.0429)	(0.0470)	(0.0418)	(0.0642)	(0.108)

（续表）

变量	(1) 专利数量标准 （临界值2）	(2) 专利数量标准 （临界值5）	(3) 研发投入标准	(4) 合规性标准	(5) 同时考虑 三项标准
是否为策略 性企业	0.170 ***	0.178 ***	0.418 ***	0.762 ***	0.495 ***
	(0.0317)	(0.0348)	(0.0310)	(0.0364)	(0.0540)
政府治理	−0.0774 *	−0.107 **	0.0828 *	0.113 ***	−0.0814 **
	(0.0429)	(0.0420)	(0.0453)	(0.0428)	(0.0412)
控制变量	Yes	Yes	Yes	Yes	Yes
时间异质性	Yes	Yes	Yes	Yes	Yes
常数项	−4.393 ***	−4.391 ***	−4.525 ***	−4.394 ***	−4.364 ***
	(0.496)	(0.500)	(0.494)	(0.482)	(0.497)
观测值	26 266	26 266	26 266	26 266	26 266
R方	0.292	0.292	0.298	0.309	0.295

注：*** 、** 、* 分别表示在 1%、5% 及 10% 水平上显著,括号中为聚类稳健标准误。

8.2　加快市场化进程

创新活动开展初期需要大量资金用于购置设备、材料与雇佣科技人员,企业内部资金往往难以满足创新初期投资的需求,需要进行外部融资。然而在不完善的市场机制下,创新项目较其他类别项目可能更难获得社会风险投资,催生了企业通过策略性行为获取政府创新资金下迫切需求。一方面社会风险投资机制不完善,企业难以同投资者建立有效联系。加之风险投资者同创新企业之间存在较大的信息不对称,沟通成本较高,风险投资者无法准确衡量企业创新活动的真实价值,面临创新活动的巨大风险与不稳定性。另一方面,在不完善的知识产权保护机制下,即使企业创新活动取得较为理想的成果,也极有可能迅速被其他创新追随者模仿,创新活动的溢出效应过大,使得社会投资对企业创新活动的预期收益降低。市场化水平的提升则能够健全社会风险投资机制和完善知识产权保护机制,进而减弱企业的策略性申请行为动机。

8.2.1 模型与变量

（1）模型构建。

使用如下模型探究市场化水平对创新激励政策中企业策略性行为的影响：

$$Hightech_{it} = \beta_0 + \beta_1 Strategy_i + \beta_2 Strategy_i \cdot Mkt_t + \beta_3 Mkt_t +$$
$$\beta_4 Govrela_{it} + \beta_5 Govrela_i \cdot Anticorr_t + \beta_6 Controls_{it} + \sum_t Year_t + \varepsilon_{it} \qquad (8\text{-}4)$$

其中，Mkt_t 为市场化程度，其他指标均同模型 8-1 保持一致。模型同样使用 Probit 方法进行回归，并在个体层面聚类

（2）指标选择。

第一，上海市市场化程度。市场化程度指标来源于樊纲、王小鲁等人每年发布的《中国市场化指数》，该研究从不同方面对各省自治区、直辖市的市场化进程进行全面比较，使用基本相同的指标体系对各地区的市场化进程进行持续的测度，从而提供了一个反映市场化变革的稳定的观测框架；采用客观指标衡量各省自治区、直辖市市场化改革的深度和广度，基本避免了主观评价——需要企业做出评价的指标是基于大样本的企业调查，力求最大限度地避免随机误差的影响；基本概括了市场化的各个主要方面，同时又避免了把反映发展程度的变量与衡量市场体制的变量相混淆。因此该指数能够较好地反映中国各地区市场化的发展水平，使用每年报告中的上海市市场化进程总得分衡量上海市市场化程度。此外，还使用上海市市场化进程在全国排名作为市场化水平的相对指标进行回归。

第二，周围省市的市场化水平。

任何地区的产品、要素市场与金融体系都绝非孤立生存，而是同其他地区存在紧密联系，因此国内市场环境将对区域环境影响巨大。在探究上海市市场化进展的同时需要考虑周围省市的市场化水平对上海市产生的影响。自改革开放以来，中国市场化水平是稳步上升的，但区域之间市场化水平的不均衡性仍对各地区存在影响。其影响可能表现在两个方面，高度市场化地区的经济服务和资源可能被市场化不足地区的企业挤占，使得本地企业无法享受全部资源，进而带来负面影响；市场化不足地区的市场化水平提升，则有可能同高度市场化地区产生协同效应，进而对本地企业带来积极影响。因此考虑上海周围省市市场化水

平对本地企业的影响,计算周边市场化水平指标:

$$rMkt_t = \sum_j \frac{1}{D_j} Mkt_{jt}$$

其中,$rMkt_t$ 代表周边市场化水平,j 表示除上海以外的其他省市,D_j 为其他省会或直辖市同上海市的直线距离,Mkt_{jt} 为省市 j 的市场化水平。在回归中将周边市场化水平指标代替上海市市场化水平指标,对模型 8-4 进行回归。

8.2.2　实证分析结果

对模型 8-4 进行回归,表 8-6 汇报了上海市市场化水平对企业策略性行为的影响。结果表明在不同的策略性企业识别标准下,市场化水平同策略性企业的交乘项系数均显著为负,这说明市场化水平的提高有助于减少企业通过策略性行为获得政策优惠的现象。随着市场化水平的提高,一方面知识产权保护制度更加完善,企业开展实质性创新的期望收益增加,因此开展策略性行为的机会成本也相应提高。另一方面金融体系也更为完善,企业获取创新资金的途径增多,对政府补贴的需求有所降低。同时,在更加完善的市场制度下,开展策略性行为的企业也更容易被察觉,因此失败风险更高。

表 8-6　本地市场化水平的影响

变量	(1) 专利数量标准 (临界值2)	(2) 专利数量标准 (临界值5)	(3) 研发投入标准	(4) 合规性标准	(5) 同时考虑三项标准
策略性企业 * 市场化	−0.232 *** (0.0338)	−0.166 *** (0.0375)	−0.151 *** (0.0315)	−0.298 *** (0.0413)	−0.260 *** (0.0686)
是否为策略性企业	2.304 *** (0.317)	1.708 *** (0.352)	1.694 *** (0.294)	3.296 *** (0.379)	2.774 *** (0.626)
市场化指标	−0.0703 *** (0.0243)	−0.107 *** (0.0234)	−0.0348 (0.0282)	0.00315 (0.0241)	−0.105 *** (0.0224)
控制变量	Yes	Yes	Yes	Yes	Yes
时间异质性	Yes	Yes	Yes	Yes	Yes
常数项	−4.209 *** (0.236)	−3.855 *** (0.228)	−4.622 *** (0.271)	−4.724 *** (0.235)	−3.821 *** (0.219)

（续表）

变量	(1) 专利数量标准（临界值2）	(2) 专利数量标准（临界值5）	(3) 研发投入标准	(4) 合规性标准	(5) 同时考虑三项标准
观测值	33 608	33 608	33 608	33 608	33 608
Pseudo R2	0.307	0.306	0.312	0.323	0.308

注：*** 表示在1%水平上显著，括号中为聚类稳健标准误。

　　各省市内部市场可视为一个相对统一的整体，省份之间市场则存在密切的人员和资金流动。上海市作为经济发展水平较高的地区，对国内其他省市发挥着重要的辐射作用，也同时受到其他省市市场化水平的影响，因此需要考虑上海市市场化的相对水平。表8-7汇报了上海市市场化相对水平对企业策略性行为的影响。在不同识别标准下交乘项系数很小且不显著，说明上海同其他省市的市场化水平差异并未影响创新激励政策的分配过程。

表 8-7　市场化相对水平的影响

变量	(1) 专利数量标准（临界值2）	(2) 专利数量标准（临界值5）	(3) 研发投入标准	(4) 合规性标准	(5) 同时考虑三项标准
策略性企业 * 市场化	0.00714 (0.0116)	0.0125 (0.0126)	−0.0160 (0.0114)	−0.00790 (0.0136)	0.0341 (0.0220)
是否为策略性企业	0.136 *** (0.0357)	0.141 *** (0.0393)	0.333 *** (0.0333)	0.606 *** (0.0426)	0.335 *** (0.0687)
市场化指标	−0.256 *** (0.0391)	−0.259 *** (0.0391)	−0.203 *** (0.0397)	−0.108 *** (0.0401)	−0.221 *** (0.0393)
控制变量	Yes	Yes	Yes	Yes	Yes
时间异质性	Yes	Yes	Yes	Yes	Yes
常数项	−4.458 *** (0.0915)	−4.438 *** (0.0912)	−4.620 *** (0.0923)	−4.493 *** (0.0921)	−4.426 *** (0.0912)
观测值	33 608	33 608	33 608	33 608	33 608
Pseudo R2	0.306	0.306	0.311	0.322	0.308

注：*** 表示在1%水平上显著，括号中为聚类稳健标准误。

尽管市场化水平相对差距对暂未表现出对企业策略性行为的影响,上海市面临的外部市场化环境仍可能对本市的市场环境与政策环境产生作用。进一步考虑上海市外部市场化环境的影响,回归结果汇报于表8-8。

表8-8　外部市场化环境的影响

变量	(1)专利数量标准(临界值2)	(2)专利数量标准(临界值5)	(3)研发投入标准	(4)合规性标准	(5)同时考虑三项标准
策略性企业 * 市场化	−8.364***	−5.820***	−5.588***	−9.450***	−6.289***
	(1.245)	(1.398)	(1.145)	(1.438)	(2.354)
是否为策略性企业	2.055***	1.498***	1.566***	2.692***	1.817***
	(0.287)	(0.323)	(0.264)	(0.324)	(0.527)
市场化指标	−2.799***	−4.168***	−1.355	−0.206	−4.170***
	(0.912)	(0.880)	(1.057)	(0.903)	(0.843)
控制变量	Yes	Yes	Yes	Yes	Yes
时间异质性	Yes	Yes	Yes	Yes	Yes
常数项	−4.230***	−3.909***	−4.642***	−4.647***	−3.851***
	(0.218)	(0.211)	(0.249)	(0.216)	(0.203)
观测值	33 608	33 608	33 608	33 608	33 608
Pseudo R2	0.307	0.306	0.312	0.323	0.308

注:*** 表示在1%水平上显著,括号中为聚类稳健标准误。

从表8-8的结果来看,外部市场化环境指标同策略性企业指标的交乘项系数显著为负,说明外部市场环境也会对本市的企业行为和政策效果产生影响,外部市场化程度越高,本地企业通过策略性行为获取创新激励政策优惠的现象就越少。

8.3　本章小结

本章讨论了创新治理能力和市场化进程对企业策略性行为的影响,发现创新治理能力的提升、本地和周边省市的市场化水平提高均能够减少企业通过策略性行为获取创新激励政策优惠的现象。

对此的可能解释为：

创新治理将创新政策和制度的制定和执行等"硬"工具同多边引导和协商等"软"工具相结合，一方面能够使得政府决策更为科学化，可以弱化创新投入产出指标在政府决策和创新评价中的比重，使得地方政府更为关注地区长期发展，进而减少企业策略性行为迎合政府的效果；另一方面能够通过多元主体协商治理，推动政府、科研机构、中介和企业的多方合作，使得政策制定能够更充分地对接企业创新需求，客观上降低企业通过策略性行为追求政策优惠的动机。

随着市场化水平的提高，一方面知识产权保护制度更加完善，企业开展实质性创新的期望收益增加，因此策略性行为的机会成本也相应提高。另一方面金融体系也更为完善，企业获取创新资金的途径增多，对政府补贴的需求有所降低。同时，在更加完善的市场制度下，开展策略性行为的企业也更容易被察觉，因此失败风险更高。

9 结论、建议与展望

9.1 结论与政策建议

本书讨论了创新激励政策中企业策略性行为的成因、影响与应对措施,将理论研究同实证分析相结合。

在理论研究部分,本书构建了一个包含企业策略性行为的政府创新激励政策的理论模型,讨论在信息不对称情况下,创新能力相对较低的企业通过追求创新产出数量的策略性行为获取政策优惠的现象及可能造成的效率损失,并讨论进行信号甄别、处罚措施和通过激励相容措施引导企业这两类措施的效果。假设一个存在创新引领者和创新追随者两类企业的市场,政府对企业进行创新资助以实现创新产出最大化。假设创新追随者可能追求创新产出数量,以较低成本取得大量产出,但此类产出对企业生产活动没有价值。在理想状态下,政府能够区分企业和创新产出类型,将全部资金用于对创新引领者的资助,所有企业均开展常规创新活动。而在信息不对称存在的情况下,政府无法判断企业类型和创新产出类型,此时创新追随者能够通过提升创新产出数量伪装成创新引领者,进而取得研发资助。模型进一步考虑了理论上对企业策略性行为的应对措施,发现加强政府审查并进行处罚能够有效减少企业策略性行为的发生,政府还可实行两级差异化资助,对创新引领者和创新追随者给予不同资助额度,则创新追随者不会开展策略性行为。此外,还比较了政府审查和差异化资助在提升政策效果方面的作用,发现两类对策的优劣取决于两类企业的创新能力差异和政府审查的准确度。

在实证分析部分,本书首先以补贴政策和高新技术企业认定政策为研究对象,探究了两类政策在申请阶段和政策执行阶段对企业创新活动的影响;然后针对高新技术企业认定政策,探究企业在申请阶段的策略性行为对政策激励效果是否存在负面影响;最后讨论创新治理能力和市场化进程对企业策略性行为的影响。实证研究结论主要包括以下几个方面:

(1) 补贴政策和高新技术企业认定政策的创新激励效果。

对于补贴政策,企业在政策申请和执行阶段均维持较高的创新投入,申请阶段创新产出数量略有降低、单位专利蕴含的技术水平提升,在政策执行阶段创新产出有较大提升,且发明专利申请数大幅增加,因此认为补贴政策较好地鼓励了实质性创新而未识别出明显的策略性行为。

对于高新技术企业认定政策,企业在申请阶段创新投入较高,但在政策执行阶段尽管仍然维持较高创新规模,创新投入的增速却显著降低。同时,企业在申请阶段非发明申请数大幅增加,发明专利申请则未发生变化。在政策执行阶段以非发明专利为主的创新产出数量略有降低,而创新产出质量显著提升。因此认为企业在高新技术企业认定政策的申请阶段可能存在"临时虚增创新投入"和"密集申请非发明专利以提升创新产出数量"的策略性行为。

除策略性行为的外部产生原因外,企业在高新技术企业认定政策申请阶段的策略性行为还与该政策的政策机制有关。首先,企业无需将税收优惠金额用于创新活动中,在 2016 年之前,企业也无需每年汇报其创新活动的开展情况,更没有政府监督与处罚的相应条款,策略性行为的预期收益较高。其次,高新技术企业认定要求申请者必须在知识产权数量、研发人员投入比例、研发资金投入比例和研发活动的经济性收入四项创新指标上超过一定门槛,使得企业有动机通过策略性的手段提升上述指标来应对筛选过程。最后,政府认定工作强度高、对专业知识的需求也极高,政府与企业之间存在信息差,在审核过程中可能较多的依赖于对企业创新投入产出指标的观察,对企业策略性行为缺乏识别能力。

(2) 企业策略性行为对政策激励效果的影响。

由于初步分析发现企业可能在高新技术企业认定政策的申请阶段开展策略性行为,通过参考已有文献,进一步提出三种策略性行为的识别标准:①专利数量标准:企业是否大量申请非发明专利;②研发投入标准:企业是否在认定后减少研发投入;③合规性标准:企业是否在认定后不再满足基本认定条件或被取消资格。

实证分析表明,策略性企业获得高新技术企业资格后,无论在研发投入还是研发产出方面的表现均稍弱于其他高新技术企业。同时,动态分析则提供了三条结论:首先,策略性企业的非发明专利数仅在认定前一年大幅增加,通过认定后立即回归正常水平,而非在所有年份均偏高。这表明大量申请非发明专利是企业为获取政策优惠而临时开展的策略性行为,而并非此类企业的常规创新活动产出是以非发明专利为主。其次,企业在认定前非发明专利数量增加的同时,发明专利数量减少,表明企业策略性行为将挤出实质性创新,存在"创新质量换数量"的现象。最后,企业创新投入仅在认定前升高,当企业获得政策优惠,策略性企业的研发产出同政策前的较早年份相比未发生太大变化,说明策略性企业获得政策优惠后,可能不会将其用于创新活动,因此降低了高新技术企业认定政策的创新激励效果。

(3) 创新治理能力和市场化进程进程对企业策略性行为的影响。

实证分析结果表明政府创新治理能力提升、本地和周边省市的市场化水提高平均能够减少企业通过策略性行为获取创新激励政策优惠的现象。对此的可能解释为:

创新治理将创新政策和制度的制定和执行等"硬"工具同多边引导和协商等"软"工具相结合,一方面能够使得政府决策更为科学化,可以弱化创新投入产出指标在政府决策和创新评价中的比重,使得地方政府更为关注地区的长期发展,进而减少企业策略性行为迎合政府的效果;另一方面能够通过多元主体协商治理,推动政府、科研机构、创新中介和企业的多方合作,使得政策制定能够更充分的对接企业创新需求,客观上降低企业通过策略性行为追求政策优惠的动机。

随着市场化水平的提高,一方面知识产权保护制度更加完善,企业开展实质性创新的期望收益增加,因此开展策略性行为的机会成本也相应提高。另一方面金融体系也更为完善,企业获取创新资金的途径增多,对政府补贴的需求有所降低。同时,在更加完善的市场制度下,开展策略性行为的企业也更容易被察觉,因此失败风险更高。

上述结论可能有如下政策建议:首先,完善创新激励政策的制度设计,建立更加全面科学的创新评价体系。避免"一刀切"的评价标准,依据不同行业的技术特征有针对性地设置评价指标。尽快构建一套更加立体的创新评价体系,不仅考核企业创新投入产出情况,还应当对企业创新活动的创造性、前沿性、技术复杂程度和外部效应进行充分评估。其次,提升地方政府创新治理能力,在政策执行及地方创新绩效评价中,弱化研发投资额、专利数等创新投入产出指标的绩效权重,关注创新对区域经济发展质量和可持续性的贡献。引导政策执行者科学、合理利用自由裁量权,鼓励开展政府创新治理的实践。最后,进一步加快市场化进程,为企业创新活动提供更多融资渠道,完善知识产权保护制度,综合运用法律、行政、经济、技术和社会治理等多种手段进行全链条知识产权保护。鼓励创新中介机构的发展,通过专业化和规模化服务降低企业开展创新活动的门槛和成本。

9.2 研究不足与展望

本研究还可能存在以下几方面的局限,并可作为未来的拓展方向:

首先,由于数据限制,对于创新质量和专利数量标准的衡量略显粗糙。基于发明专利和非发明专利的创新质量二分法能较好地反映组间创新质量差距,但无法反映组内质量变化。学者们提出了更多衡量创新质量的方法包括专利引用、专利更新、新产品转化等,然而由于本书使用的样本以中小企业为主,且不包括企业名称和统一社会信用代码等信息,难以获取财务指标,也很难通过专利数据匹配来取得企业专利的详细信息。未来可在此方面进行拓展,例如更换上市公司数据验证是否存在同样结论,并通过更为丰富的指标去衡量企业创新质量和识别策略性行为。

其次,实证分析部分尚未就缓解信息不对称的具体措施进行检验。本书提出企业策略性行为的三条影响因素,其中信息不对称是策略性行为产生的根本原因,政府创新偏好和政策执行、市场化因素是策略性行为产生的推动力量。实证部分验证了提升政府创新治理能力和提升市场化水平两条制约措施的效果。然而尽管通过理论研究提出了信息不对称的应对措施,却缺乏足够的实证手段对其做进一步验证。未来可进一步就信息不对称问题展开探究、进行实证检验,并进一步放宽理论模型的假设,例如使用连续性的企业分类并考虑不同创新能力企业的政策申请博弈。

最后,实证方法还可进一步改进。内生性问题是本研究最主要的干扰因素。尽管已经通过工具变量法、PSM-DID 等多种方法进行了内生性处理,但仍存在偏误的可能。同时，认定企业策略性行为的识别标准也可能导致偏差，本书中通过三种识别标准相对照的方式保证稳健性，后续研究或许能够提出更合适的处理方式，例如从多个维度构建关于企业策略性行为的指标体系等。

参考文献

[1] 安同良,周绍东,皮建才.R&D 补贴对中国企业自主创新的激励效应[J].经济研究,2009,44(10):87-98,120.

[2] 白旭云,王砚羽,苏欣.研发补贴还是税收激励:政府干预对企业创新绩效和创新质量的影响[J].科研管理,2019,40(06):9-18.

[3] 鲍宗客,朱魏巍.中国企业的实质性与扭曲性研发:研发企业存在生存溢价吗?[J].科学学研究,2017,35(11):1691-1699.

[4] 曹平,王桂军.选择性产业政策、企业创新与创新生存时间:来自中国工业企业数据的经验证据[J].产业经济研究,2018(04):26-39.

[5] 陈红,纳超洪,雨田木子,等.内部控制与研发补贴绩效研究[J].管理世界,2018,34(12):149-164.

[6] 陈红,张玉,刘东霞.政府补助、税收优惠与企业创新绩效:不同生命周期阶段的实证研究[J].南开管理评论,2019,22(03):187-200.

[7] 陈劲.科学、技术与创新政策[M].科学出版社,2013.

[8] 陈强远,林思彤,张醒.中国技术创新激励政策:激励了数量还是质量[J].中国工业经济,2020(04):79-96.

[9] 陈套,王英俭,程艳.我国区域政府创新治理能力与创新驱动发展关系研究[J].软科学,2018,32(02):1-5.

[10] 陈套.中国创新体系的治理与区域创新治理能力评价研究[D].中国科学技术大学,2016.

[11] 陈艳,范炳全.中小企业开放式创新能力与创新绩效的关系研究[J].研究与发展管理,2013,25(01):24-35.

[12] 陈钰芬,周昇,黄梦娴.政府科技资助对引导企业 R&D 投入的杠杆效应分

析:基于浙江省规模以上工业企业 R&D 投入面板数据的实证分析[J].科技进步与对策,2012,29(01):21-26.

[13] 陈珍珍,何宇,徐长生.高新技术企业认定对研发投入的政策效应研究:来自 A 股上市公司的经验证据[J].中国科技论坛,2019(07):1-10.

[14] 储德银,纪凡,杨珊.财政补贴、税收优惠与战略性新兴产业专利产出[J].税务研究,2017(04):99-104.

[15] 代明,殷仪金,戴谢尔.创新理论:1912—2012:纪念熊彼特《经济发展理论》首版 100 周年[J].经济学动态,2012(04):143-150.

[16] 党海丽,郭安东,朱星驰.英国支持科技创新的战略和财税金融政策研究[J].西部金融,2020(11):38-42.

[17] 董楠楠,钟昌标.美国和日本支持国内企业创新政策的比较与启示[J].经济社会体制比较,2015(03):198-207.

[18] 董晓芳,袁燕.企业创新、生命周期与聚集经济[J].经济学(季刊),2014,13(02):767-792.

[19] 高艳慧,万迪昉,蔡地.政府研发补贴具有信号传递作用吗?:基于我国高技术产业面板数据的分析[J].科学学与科学技术管理,2012,33(01):5-11.

[20] 关勇军.企业研发投入与绩效:技术创新政策的调节效应分析[D].中南大学,2012.

[21] 郭铁成,张赤东.我国对外技术依存度究竟是多少?:基于全球化视角的测算[J].中国软科学,2012(02):35-41.

[22] 郭玥.政府创新补助的信号传递机制与企业创新[J].中国工业经济,2018(09):98-116.

[23] 郝项超,梁琪,李政.融资融券与企业创新:基于数量与质量视角的分析[J].经济研究,2018,53(06):127-141.

[24] 韩凤芹,陈亚平,田辉.税收选择性激励企业创新的可持续性分析:基于政企策略性反应视角[J].西南民族大学学报(人文社会科学版),2020,41(11):125-133.

[25] 韩凤芹,陈亚平.选择性税收激励、迎合式研发投入与研发绩效[J].科学学研究,2020,38(09):1621-1629.

[26] 何雨晴,丁红燕.清晰抑或模糊:企业创新行为的披露策略:基于高新技术

上市公司的研究[J].山西财经大学学报,2021,43(04):63-75.

[27] 黄宇虹.补贴、税收优惠与小微企业创新投入:基于寻租理论的比较分析[J].研究与发展管理,2018(04):74-84.

[28] 何跃.中美日技术创新政策比较研究[D].安徽财经大学,2012.

[29] 胡羚,邓少慧,李妃养.不同时期美国科技创新政策的变化与特点:基于特朗普和奥巴马两届政府的比较[J].科技创新发展战略研究,2021,5(03):54-63.

[30] 黄贤凤,武博,王建华.政府研发资助、合作研发与企业创新绩效关系研究[J].软科学,2014,28(01):15-19.

[31] 黄宇虹.补贴、税收优惠与小微企业创新投入:基于寻租理论的比较分析[J].研究与发展管理,2018,30(04):74-84.

[32] 江静.公共政策对企业创新支持的绩效:基于直接补贴与税收优惠的比较分析[J].科研管理,2011,32(04):1-8,50.

[33] 蒋开东,王其冬,俞立平.高技术产业不同来源科研经费投入绩效实证研究[J].中国科技论坛,2014(05):50-55.

[34] 江诗松,何文龙,路江涌.创新作为一种政治战略:转型经济情境中的企业象征性创新[J].南开管理评论,2019,22(02):104-113.

[35] 江飞涛,李晓萍.直接干预市场与限制竞争:中国产业政策的取向与根本缺陷[J].中国工业经济,2010(09):26-36.

[36] 金碚.论经济全球化3.0时代:兼论"一带一路"的互通观念[J].中国工业经济,2016(01):5-20.

[37] 鞠晓生.中国上市企业创新投资的融资来源与平滑机制[J].世界经济,2013,36(04):138-159.

[38] 孔东民,李天赏.政府补贴是否提升了公司绩效与社会责任?[J].证券市场导报,2014(06):26-31,62.

[39] 孔昭君,张宇萌.政府补贴对军民融合企业创新的影响:基于动态面板模型[J].科技进步与对策,2021,38(01):95-103.

[40] 雷根强,郭玥.高新技术企业被认定后企业创新能力提升了吗?:来自中国上市公司的经验证据[J].财政研究,2018(09):32-47.

[41] 李炳安.美国支持科技创新的财税金融政策研究[J].经济纵横,2011(07):

97-99.

[42] 李昊洋,程小可,高升好.高房价"驱逐"了公司的研发活动吗?:来自创业板的经验证据[J].中国软科学,2018(12):95-109.

[43] 李宏,惠仲阳,陈晓怡,等.美国、英国等国家科技创新政策要点分析[J].北京教育(高教),2020(09):58-63.

[44] 李茫茫,王红建,严楷.经济增长目标压力与企业研发创新的挤出效应:基于多重考核目标的实证研究[J].南开管理评论,2021,24(01):17-26+31-32.

[45] 李世超,蔺楠.我国产学研合作政策的变迁分析与思考[J].科学学与科学技术管理,2011,32(11):21-26.

[46] 李建军,张书瑶.税收负担、财政补贴与企业杠杆率[J].财政研究,2018(05):86-98.

[47] 李建军,余伟,高国武.提升上海科技创新治理能力对策研究[J].科学发展,2014(11):93-96.

[48] 李静怡,王祯阳,武咸云.政策激励与研发投入交互作用对创新绩效的影响[J].科研管理,2020,41(05):99-110.

[49] 李维安,李浩波,李慧聪.创新激励还是税盾?—高新技术企业税收优惠研究[J].科研管理,2016,37(11):61-70.

[50] 黎文靖,郑曼妮.实质性创新还是策略性创新?:宏观产业政策对微观企业创新的影响[J].经济研究,2016,51(04):60-73.

[51] 李新,汤恒运,陶东杰,等.研发费用加计扣除政策对企业研发投入的影响研究:来自中国上市公司的证据[J].宏观经济研究,2019(08):81-93,169.

[52] 廖信林,顾炜宇,王立勇.政府 R&D 资助效果、影响因素与资助对象选择:基于促进企业 R&D 投入的视角[J].中国工业经济,2013(11):148-160.

[53] 林洲钰,林汉川,邓兴华.政府补贴对企业专利产出的影响研究[J].科学学研究,2015,33(06):842-849.

[54] 刘珺,Campbell N,Gerstner E,等.转型中的中国科研[M].自然出版集团,2015.

[55] 刘子譞,周江华,李纪珍.过犹不及:财政补贴对企业创新的多重作用机制分析[J].科学学与科学技术管理,2019,40(01):51-64.

[56] 龙小宁,林志帆.中国制造业企业的研发创新:基本事实、常见误区与合适计量方法讨论[J].中国经济问题,2018(02):114-135.

[57] 龙小宁,王俊.中国专利激增的动因及其质量效应[J].世界经济,2015,38(06):115-142.

[58] 吕明洁,陈松,楼永.中国能源产业创新政策内生性与能源消费结构变迁[J].软科学,2013,27(11):1-5.

[59] 栾强,罗守贵.R&D资助、企业创新和技术进步:基于国有企业与民营企业对比的实证研究[J].科学学研究,2017,35(04):625-632.

[60] 栾强,罗守贵,熊琦,等.政府研发资助是否能拯救僵尸企业:基于上海市中小企业的实证研究[J].中国科技论坛,2018(10):39-45.

[61] 栾强,罗守贵."营改增"激励了企业创新吗?:来自上海市科技企业的经验证据[J].经济与管理研究,2018,39(02):87-95.

[62] 马忠法.对专利的本质内涵及其制度使命的再思考:以专利技术转化率低为视角[J].科技进步与对策,2010,27(20):99-102.

[63] 毛昊,尹志锋,张锦.中国创新能够摆脱"实用新型专利制度使用陷阱"吗[J].中国工业经济,2018(03):98-115.

[64] 毛其淋,许家云.政府补贴对企业新产品创新的影响:基于补贴强度"适度区间"的视角[J].中国工业经济,2015(06):94-107.

[65] 蒙大斌,李杨.专利信号、风险资本融资与创业企业成长:基于178家创业企业微观调查数据的研究[J].中国经济问题,2019(02):43-55.

[66] 彭杰.浅谈连续资助在基础性研究中的作用[J].研究与发展管理,1997(04):9-11.

[67] 齐建国.循环经济与绿色发展:人类呼唤提升生命力的第四次技术革命[J].经济纵横,2013(01):43-53.

[68] 申宇,黄昊,赵玲.地方政府"创新崇拜"与企业专利泡沫[J].科研管理,2018,39(04):83-91.

[69] 宋丽颖,杨潭.财政补贴、行业集中度与高技术企业R&D投入的非线性关系实证研究[J].财政研究,2016(07):59-68.

[70] 孙刚."科技认定"、代理成本与创新绩效:基于上市公司专利申请的初步证据[J].科学学研究,2018,36(02):249-263.

[71] 孙刚,孙红,朱凯.高科技资质认定与上市企业创新治理[J].财经研究, 2016,42(01):30-39,82.

[72] 孙蕊,吴金希,王少洪.中国创新政策演变过程及周期性规律[J].科学学与 科学技术管理,2016,37(03):13-20.

[73] 孙雅慧,罗守贵.非对称信息下的政府研发资助策略[J].中国科技论坛, 2021,(6):28-37.

[74] 唐未兵,傅元海,王展祥.技术创新、技术引进与经济增长方式转变[J].经济 研究,2014,49(07):31-43.

[75] 佟爱琴,陈蔚.政府补贴对企业研发投入影响的实证研究:基于中小板民营 上市公司政治联系的新视角[J].科学学研究,2016,34(07):1044-1053.

[76] 佟家栋,谢丹阳,包群,等."逆全球化"与实体经济转型升级笔谈[J].中国工 业经济,2017(06):5-59.

[77] 童锦治,刘诗源,林志帆.财政补贴、生命周期和企业研发创新[J].财政研 究,2018(04):33-47.

[78] 王必好,黄浩杰.寡头垄断市场结构的技术创新效应研究:基于伯特兰和古 诺均衡分析视角[J].经济评论,2013(05):13-21.

[79] 王春元.税收优惠刺激了企业 R&D 投资吗?[J].科学学研究,2017,35 (02):255-263.

[80] 王刚刚,谢富纪,贾友.R&D 补贴政策激励机制的重新审视:基于外部融资 激励机制的考察[J].中国工业经济,2017(02):60-78.

[81] 王金杰,郭树龙,张龙鹏.互联网对企业创新绩效的影响及其机制研究:基 于开放式创新的解释[J].南开经济研究,2018(06):170-190.

[82] 王军,黄凌云.政策补贴对中国海外投资企业产品创新的影响[J].研究与发 展管理,2017,29(03):87-97.

[83] 王敏,伊藤亚圣,李卓然.科技创新政策层次、类型与企业创新:基于调查数 据的实证分析[J].科学学与科学技术管理,2017,38(11):20-30.

[84] 王小鲁,樊纲,余静文.中国分省份市场化指数报告(2016)[R].社会科学 文献出版社,2017.

[85] 王晓珍,叶靖雅,王玉珠,等.政府补贴对企业 R&D 投入影响的研究评述与 展望[J].研究与发展管理,2017,29(01):139-148.

[86] 王玉民,刘海波,靳宗振,等.创新驱动发展战略的实施策略研究[J].中国软科学,2016(04):1-12.

[87] 吴汉洪,王申.转换成本视角下互联网企业的创新竞争策略[J].经济理论与经济管理,2019(03):4-17.

[88] 伍健,田志龙,龙晓枫,等.战略性新兴产业中政府补贴对企业创新的影响[J].科学学研究,2018,36(01):158-166.

[89] 吴松彬,张凯,黄惠丹.R&D税收激励与中国高新制造企业创新的非线性关系研究:基于企业规模、市场竞争程度的调节效应分析[J].现代经济探讨,2018,(12):61-69.

[90] 武咸云,陈艳,杨卫华.战略性新兴产业的政府补贴与企业R&D投入[J].科研管理,2016,37(05):19-23.

[91] 谢青,田志龙.创新政策如何推动我国新能源汽车产业的发展:基于政策工具与创新价值链的政策文本分析[J].科学学与科学技术管理,2015,36(06):3-14.

[92] 谢小平,汤萱,傅元海.高行政层级城市是否更有利于企业生产率的提升[J].世界经济,2017,40(06):120-144.

[93] 邢会,王飞,高素英.政府补助促进企业实质性创新了吗:资源和信号传递双重属性协同视角[J].现代经济探讨,2019(03):57-64.

[94] 徐大可,陈劲.创新政策设计的理念和框架[J].国家行政学院学报,2004(04):26-29.

[95] 许丹琳.信息经济学视野下的消费者冷静期制度研究[D].中南财经政法大学,2018.

[96] 许治,师萍.政府科技投入对企业R&D支出影响的实证分析[J].研究与发展管理,2005(03):22-26.

[97] 徐向阳,陆海天,孟为.风险投资与企业创新:基于风险资本专利信号敏感度的视角[J].管理评论,2018,30(10):58-72,118.

[98] 薛澜,柳卸林,穆荣平.中国创新政策研究报告[M].北京:科学出版社,2011.

[99] 晏艳阳,吴志超.创新政策对全要素生产率的影响及其溢出效应[J].科学学研究,2020,38(10):1868-1878.

［100］杨国超,刘静,廉鹏,等.减税激励、研发操纵与研发绩效[J].经济研究,2017,52(08):110-124.

［101］杨国超,芮萌.高新技术企业税收减免政策的激励效应与迎合效应[J].经济研究,2020,55(09):174-191.

［102］杨瑞龙,侯方宇.产业政策的有效性边界:基于不完全契约的视角[J].管理世界,2019,35(10):82-94＋219-220.

［103］杨兴全,尹兴强,孟庆玺.谁更趋多元化经营:产业政策扶持企业抑或非扶持企业?[J].经济研究,2018,53(09):133-150.

［104］杨洋,魏江,罗来军.谁在利用政府补贴进行创新?:所有制和要素市场扭曲的联合调节效应[J].管理世界,2015(01):75-86,98,188.

［105］叶祥松,刘敬.异质性研发、政府支持与中国科技创新困境[J].经济研究,2018,53(09):116-132.

［106］余泳泽,张先轸.要素禀赋、适宜性创新模式选择与全要素生产率提升[J].管理世界,2015(09):13-31,187.

［107］赵书博.各国促进研发的税收政策比较及对我国的启示[J].会计之友,2013(36):4-10.

［108］张杰,陈志远,杨连星,等.中国创新补贴政策的绩效评估:理论与证据[J].经济研究,2015,50(10):4-17,33.

［109］张杰,郑文平.创新追赶战略抑制了中国专利质量吗?[J].经济研究,2018,53(05):28-41.

［110］张娜,杜俊涛.财税政策对高新技术企业创新效率的影响:基于交互作用的视角[J].税务研究,2019(12):47-53.

［111］张炜,赵娟.英国服务创新政策分类模式与治理结构的经验启示[J].科研管理,2015,36(02):79-87.

［112］张雅娴,苏竣.技术创新政策工具及其在我国软件产业中的应用[J].科研管理,2001(04):65-72.

［113］张玉,陈凯华,乔为国.中国大中型企业研发效率测度与财政激励政策影响[J].数量经济技术经济研究,2017,34(05):38-54.

［114］周江华,李纪珍,刘子謷,等.政府创新政策对企业创新绩效的影响机制[J].技术经济,2017,36(01):57-65.

[115] 郑飞.产业生命周期、市场集中与经济绩效:基于中国 493 个工业子行业的实证研究[J].经济经纬,2019,36(03):81-87.

[116] 郑飞,石青梅,李腾,等.财政补贴促进了企业创新吗:基于产业生命周期的经验证据[J].宏观经济研究,2021(02):41-52,161.

[117] 朱平芳,徐伟民.政府的科技激励政策对大中型工业企业 R&D 投入及其专利产出的影响:上海市的实证研究[J].经济研究,2003(06):45-53,94.

[118] 朱治理,温军,赵建兵.政府研发补贴、社会投资跟进与企业创新融资[J].经济经纬,2016,33(01):114-119.

[119] Abadie A，Drukker D，Herr J L，et al. Implementing Matching Estimators for Average Treatment Effects in Stata[J]. The Stata Journal，2004，4(3)：290-311.

[120] Aerts K，Schmidt T. Two for the Price of one? Additionality Effects of R&D Subsidies：A Comparison between Flanders and Germany[J]. Research Policy，2008，37(5)：806-822.

[121] Adams W J，Yellen J L. Commodity Bundling and the Burden of Monopoly[J]. Quarterly Journal of Economics，1976，90(3):475-498.

[122] Aguirre I，Beitia A. Modelling Countervailing Incentives in Adverse Selection Models：A Synthesis[J]. Economic Modelling，2017，62：82-89.

[123] Akerlof G. The Market for "Lemons"：Quality Uncertainty and the Market Mechanism[J]. Quarterly Journal of Economics，1970，84(3)：488-500.

[124] Alchian A A，Demsetz H. Production，Information Costs and Economic Organization[J]. American Economic Review，1972，62(2)：777-795.

[125] Álvarez-Ayuso I C，Kao C，Romero-Jordán D. Long Run Effect of Public Grants and Tax Credits on R&D Investment：A Non-stationary Panel Data Approach[J]. Economic Modelling，2018，75：93-104.

[126] Antelo M. Licensing A Non-Drastic Innovation under Double Informational Asymmetry[J]. Research Policy，2003，32(3):367-390.

[127] Atal V，Bar T. Patent Quality and A Two-Tiered Patent System[J]. Journal of Industrial Economics，2011，62(3):503-540.

[128] Atanassov J，Liu X. Can Corporate Income Tax Cuts Stimulate Innovation? [J]. Journal of Financial and Quantitative Analysis，2019 (2)：1-88.

[129] Atkinson R D. Expanding the R&E Tax Credit to Drive Innovation，Competitiveness and Prosperity [J]. The Journal of Technology Transfer，2007，32(6)，617-628.

[130] Arrow K. Economic Welfare and the Allocation of Resources for Invention[M]. Priceton University Press，1962.

[131] Baldwin C，Hippel E. Modeling a Paradigm Shift：From Producer Innovation to User and Open Collaborative Innovation[J]. Organization Science，2011，22(6)，1369-1683.

[132] Basit S A，Kuhn T，Ahmed M. The Effect of Government Subsidy on Non-Technological Innovation and Firm Performance in the Service Sector：Evidence from Germany [J]. Business Systems Research Journal，2018，9(1)：118-137.

[133] Bloom N，Griffith R，Van-Reenen J. Do R&D Tax Credits Work? Evidence from a Panel of Countries 1979-1997[J]. Journal of Public Economics，2002，85(1)：1-31.

[134] Bodas Freitas I M，Von Tunzelmann N. Mapping Public Support for Innovation：A Comparison of Policy Alignment in the UK and France [J]. Research Policy，2008，37(9):1446-1464.

[135] Bolton P，Dewatripon M. Contract Theory[M]. Massachusetts Institute of Technology，2005.

[136] Borrás S，Edquist C. The Choice of Innovation Policy Instruments[J]. Technological Forecasting and Social Change，2013，80(8):1513-1522.

[137] Brandt B L，Biesebroeck J V，Wang L，et al. WTO Accession and Performance of Chinese Manufacturing Firms[J]. American Economic Review，2017，107(9)：2784-2820.

[138] Bronzini R, Piselli P. The Impact of R&D Subsidies on Firm Innovation [J]. Research Policy, 2016, 45(2): 442-457.

[139] Brüggemann J, Proeger T. The Effectiveness of Public Subsidies for Private Innovations. An Experimental Approach [J]. The B.E. Journal of Economic Analysis & Policy, 2017, 17(4):1-21.

[140] Busom I, Corchuelo B, Martinez-Ros E. Tax Incentives or Subsidies for Business R&D? [J]. Small Business Economics, 2014, 43 (3): 571-596.

[141] Carboni O A. The Effect of Public Support on Investment and R&D: An Empirical Evaluation on European Manufacturing Firms [J]. Technological Forecasting and Social Change, 2017, 117: 282-295.

[142] Carland J. Innovation: the Soul of Entrepreneurship[J]. Small Business Institute Journal, 2011, 33(1): 173-184.

[143] Cassiman B, Perez-Castrillo D, Veugelers R. Endogenizing know-how flows through the nature of R&D investments[J]. International Joural of Industrial Organization, 2002, 20(6):775-779.

[144] Castellacci F, Lie C M. Do the Effects of R&D Tax Credits Vary across Industries? A Meta-regression Analysis[J]. Research Policy, 2015, 44 (4): 819-832.

[145] Chari V. V, Golosov M, Tsyvinski A. Prizes and Patents: Using Market Signals to Provide Incentives for Innovations[J]. Journal of Economic Theory, 2012, 147(2): 781-801.

[146] Chen M-C, Gupta S. The Incentive Effects of R&D Tax Credits: An Empirical Examination in an Emerging Economy [J]. Journal of Contemporary Accounting & Economics, 2017, 13(1), 52 68.

[147] Chen L, Yang W. R&D Tax Credits and Firm Innovation: Evidence from China[J]. Technological Forecasting & Social Change, 2019, 146: 233-241.

[148] Chen Z, Liu Z, Suarez-Serrato J C, et al. Notching R&D Investment with Corporate Income Tax Cuts in China[J]. American Economic

Review，2021，111(7)：2065-2100.

[149] Cheung K Y，Lin P. Spillover Effects of FDI on Innovation in China：Evidence from the Provincial Data[J]. China Economic Review，2004，15(1)：25-44.

[150] Chiappori P-A，Macho I，Rey P，et al. Repeated Moral Hazard：The Role of Memory Commitment and the Access to Credit. Markets[J]. European Economic Review，1994，38(8)：1527-1553.

[151] Choi J，Lee J. Repairing the R&D Market Failure：Public R&D Subsidy and the Composition of Private R&D[J]. Research Policy，2017，46(8)：1465-1478.

[152] Chundakkadan R，Sasidharan S. Financial Constraints，Government Support，and Firm Innovation：Empirical Evidence from Developing Economies[J]. Innovation and Development，2020，10(3)：279-301.

[153] Ciftci M，Lev B，Radhakrishnan S. Is Research and Development Mispriced or Properly Risk Adjusted? [J]. Journal of Accounting，Auditing & Finance，2011，26(1)：81-116.

[154] Comino S，Graziano C. How Many Patents does it Take to Signal Innovation Quality? [J]. International Journal of Industrial Organization，2015，43：66-79.

[155] Crespi G，Giuliodori D，Giuliodori R，et al. The Effectiveness of Tax Incentives for R&D+i in Developing Countries：The Case of Argentina [J]. Research Policy，2016，45(10)：2023-2035.

[156] Czarnitzki D，Hanel P，Rosa J M. Evaluating the Impact of R&D Tax Credits on Innovation：A Micro-Econometric Study on Canadian Firms [J]. Research Policy，2011，40(2)：217-229.

[157] Dai X，Wang F. Does the High-and New-technology Enterprise Program Promote Innovative Performance? Evidence from Chinese firms[J]. China Economic Review，2019，57：1-20.

[158] Dang J，Motohashi K. Patent statistics：A Good Indicator for Innovation in China? Patent Subsidy Program Impacts on Patent

Quality[J]. China Economic Review，2015，35：137-155.

[159] Dimos C，Pugh G. The Effectiveness of R&D Subsidies：A Meta-Regression Analysis of the Evaluation Literature[J]. Research Policy，2016，45(4)：797-815.

[160] Dodgson M. Policies for Science，Technology and Innovation in Asian Newly Industrializing Economies[M]. In：Kim L，Nelson R R（Eds.）. Technology，Learning and Innovation. Cambridge University Press，Cambridge，2002：229-268.

[161] Dodgson M. Asia's National Innovation Systems：Institutional Adaptability and Rigidity in the Face of Global Innovation Challenges [J]. Asia Pacific Journal of Management，2009，26(3)：589-609.

[162] Edler J，Fagerberg J. Innovation Policy：What，Why，and How[J]. Oxford Review of Economic Policy，2017，33(1)：2-23.

[163] Edquist C，Zabala-Iturriagagoitia J M. Pre-commercial Procurement：A Demand or Supply Policy Instrument in Relation to Innovation? [J]. R&D Management，2015，45(2)：147-160.

[164] Engel D，Keilbach M. Firm-Level Implications of Early Stage Venture Capital Investment：an Empirical Investigation [J]. Journal of Empirical Finance，2007，14(2)：150-167.

[165] Fabrizi S，Lippert S，Norbäck P，et al. Venture Capitalists and the Patenting of Innovations[J]. The Journal of Industrial Economics，2013，61(3)：623-659.

[166] Finley A R，Lusch S J，Cook K A. The Effectiveness of the R&D Tax Credit：Evidence from the Alternative Simplified Credit [J]. The Journal of the American Taxation Association，2015，37(1)：157-181.

[167] Fishman M J，Hagerty K M. The Mandatory Disclosure. Of Trades and Market Liquidity [J]. Review of Financial Studies，1995，8（3）：637-676.

[168] Fisman R，Svensson J. Are Corruption and Taxation really Harmful to Growth? Firm Level Evidence[J]. Journal of Development Economics，

2007，83(1)：63-75.

[169] Flanagan K，Uyarra E，Laranja M. Reconceptualising the 'Policy Mix' for Innovation[J]. Research. Policy，2011，40(5)：702-713.

[170] Furukawa Y. The Struggle to Survive in the R&D Sector[J]. Economics letters，2013，121(1)：26-29.

[171] Gao Y，Hu Y，Liu X，et al.. Can Public R&D Subsidy Facilitate Firms' Exploratory Innovation? The Heterogeneous Effects between Central and Local Subsidy Programs[J]. Research Policy，2021，50(4)：104221.

[172] González X，Pazó C. Do Public Subsidies Stimulate Private R&D Spending? [J]. Research Policy，2008，37(3)：371-389.

[173] Griliches Z. The Search for R&D Spillovers[J]. Scandinavian Journal of Economics，1992，94(1)：29-47.

[174] Guellec D，Van Pottelsberghe B. The Impact Of Public R&D Expenditure on Business R&D[J]. Economics of Innovation and New Technology，2003，12(3)：225-243.

[175] Haeussler C，Harhoff D，Mueller E. How Patenting Informs VC Investors——The Case of Biotechnology[J]. Research Policy，2014，(8)：1286-1298.

[176] Hall B H，Harhoff D. Recent Research on the Economics of Patents，Annual Review of Economics，2012，4(1)：541-565.

[177] Hall B H，Lotti F，Mairesse J. Innovation and Productivity in SMEs：Empirical evidence for Italy[J]. Small Business Economics，2009，33(1)：13-33.

[178] Hart O，Tirole J. Contract Renegotiation and Coasian Dynamics[J]. Review of Economic Studies，1988，55(4)：509-540.

[179] Hartley R V. Transmission of Information[J]. Bell System Technical Journal，1928，7(3)：535-563.

[180] Hellmann T，Puri M. The Interaction between Product Market and Financing Strategy：The Role of Venture Capital [J]. Review of Financial Studies，2000，13(4)：959-984.

[181] Holmström B. Moral Hazard in Teams[J]. Bell Journal of Economics, 1982, 13(2):324-340.

[182] Howell A. Firm R&D, Innovation and Easing Financial Constraints in China: Does Corporate Tax Reform Matter? [J]. Research Policy, 2016, 45(10): 1996-2007.

[183] Howell A. Picking 'winners' in China: Do Subsidies Matter for Indigenous Innovation and Firm Productivity? [J]. China Economic Review, 2017, 44: 154-165.

[184] Hu A G Z, Deng Y. Does Government R&D Stimulate or Crowd Out Firm R&D Spending? Evidence from Chinese Manufacturing Industries [J]. Economics of Transition, 2018, 2019(27): 497-518.

[185] Hud M, Hussinger K. The Impact of R&D Subsidies during the Crisis [J]. Research Policy, 2015, 44(10):1844-1855.

[186] Iwaisako T, Ohki K. Innovation by Heterogeneous Leaders[J]. The Scandinavian Journal of Economics, 2019, 121(4): 1673-1704.

[187] Jaffe A B, Newell R G, Stavins R N. A Tale of Two Market Failures: Technology and Environmental Policy [J]. Ecological Economics, 2005, 54(2-3): 164-174.

[188] Jensen R, Thursby M. Proofs and Prototypes for Sale: the Licensing of University Inventions[J]. American Economic Review, 2001, 91(1): 240-259.

[189] Jia J, Ma G. Do R&D Tax Incentives Work? Firm-level Evidence from China[J]. China Economic Review, 2017, 46: 50-66.

[190] Kang M. Trade Policy Mix: IPR Protection and R&D Subsidies[J]. Canadian Journal of Economics, 2006, 39(3): 744-757.

[191] Klette T J, Møen J, Griliches Z. Do Subsidies to Commercial R&D Reduce Market Failure? [J]. Research Policy, 2000, 29(4-5):471-496.

[192] Klette T J, Møen J. R&D Investment Responses to R&D Subsidies: A Theoretical Analysis and a Microeconometric Study[J]. World Review of Science, Technology and Sustainable Development, 2012, 9:

169-203.

[193] Kobayashi Y. Effect of R&D Tax Credits for SEMs in Japan: A Micro-econometric Analysis Focused on Liquidity Constraints [J]. Small Business Economics, 2013, 42(2):311-327.

[194] Koenen J, Peitz M. Firm Reputation and Incentives to "Milk" Pending Patents[J]. International Journal of Industrial Organization, 2015, 43: 18-29.

[195] Lach S. Do R&D Subsidies Stimulate or Displace Private R&D? Evidence from Israel[J]. Journal of Industrial Economics, 2002, 50 (4):369-390.

[196] Lanahan L, M.Joshi A, Johnson E. Do Public R&D Subsidies Produce Jobs? Evidence from the SBIR/STTR Program[J]. Research Policy, 2021, 50(7): 104286.

[197] Lanahan L, Feldman M P. Multilevel Innovation Policy Mix: a Closer Look at State Policies that Augment the Federal SBIR Program[J]. Research. Policy, 2015, 44(7):1387-1402.

[198] Lee E Y, Cin B C. The Effect of Risk-sharing Government Subsidy on Corporate R&D Investment: Empirical Evidence from Korea [J]. Technological Forecasting and Social Change, 2010, 77(6): 881-890.

[199] Leibowicz B D. Welfare Improvement Windows for Innovation Policy [J]. Research Policy, 2018, 47(2): 390-398.

[200] Liefner I, Kroll H, Peighambari A. Research-driven or Party-promoted? Factors Affecting Patent Applications of Private Small and Medium-sized Enterprises in China's Pearl River Delta[J]. Science and Public Policy, 2016, 43(6): 849-858

[201] Liu X, Li X, Li H. R&D Subsidies and Business R&D: Evidence from High-tech Manufacturing Firms in Jiangsu [J]. China Economic Review, 2016, 41: 1-22.

[202] Lokshin B, Mohnen P. How effective are level-based R&D tax credits? Evidence from the Netherlands[J]. Applied Economics, 2012, 44(12):

1527-1538.

[203] Lowe R A. Who Develops a University Invention? The impact of tacit knowledge and licensing policies[J]. Journal of Technology Transfer, 2006, 31: 415-429.

[204] Lundvall B A, Borrás S. Science, Technology, and Innovation Policy [M]. In: Fagerberg J, Mowery D C, Nelson R R. (eds). The Oxford Handbook of Innovation. Oxford University Press, 2006.

[205] Luo X, Huang F, Tang X, et al. Government Subsidies and Firm Performance: Evidence from High-tech Start-ups in China [J]. Emerging Markets Review, 2020, 24: 100756.

[206] Luo S, Sun Y. Do Selective R&D Incentives from the Government Promote Substantive Innovation? Evidence from Shanghai Technological Enterprises [J]. Asian Journal of Technology Innovation, 2021, 28(3): 323-342.

[207] Macher J T, Mayo J W, Nickerson J A. Regulator Heterogeneity and Endogenous Efforts to Close the Information Asymmetry Gap[J]. Journal of Law and Economics, 2011, 54(1): 25-54.

[208] Macho-Stadler I, Martiez-Giralt X, Perez-Castrillo D. The Role of Information in Licensing Contracts Design[J]. Research Policy, 1996, 25(1):25-41.

[209] Magnier-Watanabe R, Benton C. Management Innovation and Firm Performance: The Mediating Effects of Tacit and Explicit Knowledge [J]. Knowledge Management Research and Practice, 2017, 15(3): 325-335.

[210] Magro E, Navarro M, Zabala-Iturriagagoitia J M. Coordination-Mix: the Hidden Face of STI Policy[J]. Review of Policy Research, 2014, 31(5):367-389.

[211] Magro E, Wilson J R. Complex Innovation Policy Systems: Towards an Evaluation Mix[J]. Research. Policy, 2013, 42(9):1647.

[212] Magro E, Wilson J R. Policy-mix Evaluation: Governance Challenges

from New Place-Based Innovation Policies[J]. Research. Policy，2019，48(10):103612.

[213] Mansfield E，Switzer L. The Effect of R&D Tax Credits and Allowance in Canada[J]. Research Policy, 1985，14(2): 97-107.

[214] Mansfield E， Switzer L. How Effective are Canada's Direct Tax Incentives for R&D? [J]. Canadian Public Policy, 1985, 11（2）: 241-246.

[215] Marino M，Lhuillery S，Parrotta P，et al.. Additionality or Crowding-out? An Overall Evaluation of Public R&D Subsidy on Private R&D Expenditure[J]. Research Policy, 2016，45(9): 1715-1730.

[216] Maskin E，Riley J. Optimal Multiunit Auctions[J]. In F. Hahn(ed.)，The Economics of Missining Markets. Information，and Games，Oxford: Clarendon Press，1989.

[217] Miotti L，Sachwald F. Co-operative R&D: Why and with Whom?: An Integrated Framework of Analysis[J]. Research Policy，2003，32(8)，1481-1499.

[218] Montmartin B，Herrera M. Internal and External Effects of R&D Subsidies and Fiscal Incentives: Empirical Evidence Using Spatial Dynamic Panel Models[J]. Research Policy，2015，44(5):1065-1079.

[219] Morad S，Ragonis N，Barak M. An Integrative Conceptual Model of Innovation and Innovative Thinking based on a Synthesis of a Literature Review ［J］. Thinking Skills and Creativity， 2021，40:100824.

[220] Mukherjee A，Singh M，Žaldokas A. Do Corporate Taxes Hinder Innovation[J]. Journal of Financial Economics，2017，124（1），195-221.

[221] Myers S C，Majluf N S. Corporate Financing and Investment Decisions when Firms Have Information that Investors do not Have[J]. Journal of Financial Economics，1984，13(2): 187-221.

[222] OECD. Innovation PolicyR]. Paris: OECD，1982.

[223] OECD. The Innovation Policy Mix[J]. OECD Science, Technology and Industry Outlook 2010, OECD Publishing, 2010, 251-279.

[224] Peltzman S. The Effects of Automobile Safety Regulation[J]. Journal of Political Economy, 1975, 83:677-725.

[225] Perez-Sebastian F. Market Failure, Government Inefficiency, and Optimal R&D Policy[J]. Economics Letters, 2015, 128: 43-47.

[226] Pindyck R S, Rubinfeld D. Microeconomics[M]. 3rd ed. Beijing: Tsinghua University Press, 1997.

[227] Plehn-Dujowich J M. Endogenous Growth and Adverse Selection in Entrepreneurship[J]. Journal of Economic Dynamics and Control, 2009, 33(7): 1419-1436.

[228] Poblete J, Spulber D F. The Form of Incentive Contracts: Agency with Moral Hazard, Risk Neutrality, and Limited Liability[J]. The RAND Journal of Economics, 2012, 43(2):215-234.

[229] Poblete J, Spulber D F. Managing Innovation: Optimal Incentive Contracts for Delegated R&D with Double Moral Hazard[J]. European Economic Review, 2017, 95:38-61.

[230] Rao N. Do Tax Credits Stimulate R&D Spending? The Effect of the R&D Tax Credit in its First Decade[J]. Journal of Public Economics, 2016, 140: 1-12.

[231] Rthwell R. Public Innovation Policy: To Have or to Have not? [J]. R&D Management, 1986, 16(1):34-63.

[232] Russo M, Pavone P. Evidence-based Portfolios of Innovation Policy Mixes: A Cross-Country Analysis[J]. Technological Forecasting and Social Change, 2021, 168: 120708.

[233] Schumpeter J A. Business Cycles[M]. New York Toronto London: McGraw-Hill Book Company, 1939.

[234] Shannon C E. A Mathematical Theory of Communication[J]. The Bell System Technical Journal, 1948, 27(3): 379-423.

[235] Shrimali G. Getting to India's Electric Vehicle Targets Cost-

effectively: To Subsidize or not, and How? [J]. Energy Policy, 2021, 156: 112384.

[236] Silva F, Carreira C. Do Financial Constraints Threat the Innovation Process? Evidence from Portuguese Firms[J]. Economics of Innovation and New Technology, 2012, 21(8): 701-736.

[237] Spence A M. Job Market Signaling [J]. Quarterly Journal of Economics, 1973, 87(3):55-74.

[238] Spence A M. Market Signaling: Informational Transfer in Hiring and Related Screening Processes[J]. Cambridge. MA: Harvard University Press, 1974.

[239] Spulber D F. The Quality of Innovation and the Extent of the Market [J]. Journal of International Economics, 2010, 80(2):260-270.

[240] Spulber D F. Tacit Knowledge with Innovative Entrepreneurship[J]. International Journal of Industrial Organization, 2012, 30(6):641-653.

[241] Steinmueller E. Economics of Technology Policy[M]. In: Hall B H, Rosenberg N (eds). Handbook of the Economics of Innovation. Amsterdam: North-Holland, 2010.

[242] Sun Y, Luo S. Selective R&D Subsidies and Firms' Application Strategies[J]. Applied Economics Letters, 2022,29(11): 979-982.

[243] Takalo T, Tanayama T. Adverse Selection and Financing of Innovation: Is there a Need for R&D Subsidies? [J]. Journal of Technology Transfer, 2010, 35(1): 16-41.

[244] Tanayama T. Allocation and Effects of R&D Subsidies: Selection, Screening, and Strategic Behavior[M]. 2007.

[245] Thomson R. Tax Policy and R&D Investment by Australian Firms[J]. Economic Record, 2010, 86(273): 260-280.

[246] Thomson R. The Effectiveness of R&D Tax Credits[J]. The Review of Economics and Statistics, 2017, 99(3): 544-549.

[247] Townsend R M. Optimal Contracts and Competitive Markets with Costly State Verification[J]. Journal of Economic Theory, 1979, 21

(2):65-93.

[248] Ugur M, Churchill S A, Luong H M. What do we know About R&D Spillovers and Productivity? Meta-analysis Evidence on Heterogeneity and Statistical Power[J]. Research Policy, 2020, 49(1): 103866.

[249] Walsh C. Optimal Contracts for Central Bankers[J]. American Economic Review, 1995, 85(1), 150-167.

[250] West J, Iansiti M. Experience, Experimentation, and the Accumulation of Knowledge: The Evolution of R&D in the Semiconductor Industry[J]. Research Policy, 2003, 32(5): 809-825.

[251] Wiesmeth H. Stakeholder Engagement for Environmental Innovations [J]. Journal of Business Research, 2020, 119: 310-320.

[252] Wilson D J. Beggar thy neighbor? The In-state, Out-of state, and Aggregate Effects of R&D Tax Credits[J]. Review of Economics and Statistics, 2009, 91(2): 431-436.

[253] Wu A. The signal Effect of Government R&D Subsidies in China: Does Ownership Matter? [J]. Technological Forecasting and Social Change, 2017, 117: 339-345.

[254] Yang C, Huang C, Hou T C. Tax Incentives and R&D Activity: Firm-level Evidence from Taiwan [J]. Research Policy, 2012, 41 (9): 1578-1588.

[255] Young A. The Razor'S Edge: Distortions and Incremental Reform in the People's Republic of China [J]. The Quarterly Journal of Economics, 2000(4): 1091-1135.

[256] Young A. Gold into Base Metals: Productivity Growth in the People's Republic of China during the Reform Period[J]. Journal of political, 2003, 111(6): 1220-1261.

[257] Young M N, Tsai T, Wang X, et al. Strategy in Emerging Economies and the Theory of the Firm[J]. Asia Pacific Journal of Management, 2014, 31(2): 331-354.

[258] Zeckhauser R. The Challenge of Contracting for Technological

Information[J]. Proceedings of the National Academy of Sciences of the United States of America，1996，93：12743-12748.

[259] Zhang J，Zhou L. Incentive Mechanism Design of Access Management Policy in Affordable Housing and Analysis[J]. Cities，2011，28(2)：186-192.

[260] Zúñiga-Vicente J Á，Alonso-Borrego C，Forcadell F J，et al. Assessing the Effect of Public Subsidies on Firm R&D Investment：A survey[J]. Journal of Economic Surveys，2014，28(1)：36-67.

索　引